ABHANDLUNGEN
DER AKADEMIE DER WISSENSCHAFTEN DER DDR
Abteilung Veröffentlichungen der Wissenschaftlichen Räte
Jahrgang 1977 · Nr. W 4

Die Aufgaben des wissenschaftlich-technischen Rechtsschutzes bei der Gestaltung der entwickelten sozialistischen Gesellschaft

AKADEMIE-VERLAG · BERLIN 1977

Herausgegeben im Auftrage des Präsidenten
der Akademie der Wissenschaften der DDR
von Vizepräsidenten Prof. Dr. Heinrich Scheel

Verantwortlich für dieses Heft:
Prof. Dr. Gerhard Schüßler
Vorsitzender des Rates für staats- und rechtswissenschaftliche Forschung
an der Akademie der Wissenschaften der DDR

Redaktionsschluß: 27. 6. 1977
Erschienen im Akademie-Verlag, 108 Berlin, Leipziger Straße 3–4

Lizenznummer: 202·100/261/77
Gesamtherstellung: VEB Druckhaus Köthen
Bestellnummer: 753 461 6 (2001/77/4/W) · LSV 0485
Printed in GDR
DDR 6,50 M

Inhaltsverzeichnis

Vorwort

Die Partei der Arbeiterklasse hat auf dem IX. Parteitag der SED die Fortsetzung des politischen Kurses der Hauptaufgabe in seiner Einheit von Wirtschafts- und Sozialpolitik in den Mittelpunkt der Erörterungen gestellt. Besonderes Augenmerk wurde der Intensivierung der Produktion und dem Kampf um hohe Effektivität als Teil unserer gesellschaftlichen Entwicklung geschenkt.
Diese Zielstellung ist auf das engste mit der Beschleunigung des wissenschaftlich-technischen Fortschritts und der Erhöhung seiner ökonomischen und sozialen Wirksamkeit verbunden. Das verlangt eine zielstrebige Vertiefung der sozialistischen ökonomischen Integration mit der UdSSR und den anderen Bruderländern des RGW. Darauf gestützt, entwickeln sich zunehmend günstigere Bedingungen auch für die Entwicklung der Außenhandelsbeziehungen der DDR mit den Entwicklungsländern sowie mit den kapitalistischen Industrieländern. Bei der Verwirklichung dieser Politik setzt unser sozialistischer Staat rechtliche, ökonomische, informatorische u. a. Mittel und Methoden ein. Ein nicht unbedeutendes Mittel ist der wissenschaftlich-technische Rechtsschutz. Sein gesellschaftliches Regelungsfeld sind gerade die Verhältnisse, die mit dem Hervorbringen, dem Schutz und der Sicherung sowie der Verteidigung und Überwachung und der effektiven Verwertung wissenschaftlich-technischer u. a. schutzfähiger Leistungen im In- und Ausland sowie der Leitung und Planung dieser Prozesse im Zusammenhang stehen. Sich einordnend und darüber hinausgehend, regelt der sozialistische Staat auch die Rechtsverhältnisse, die mit der Kennzeichnung von Waren und dem Schutz dieser wirtschaftlichen Interessen stehen.
Daß in diesem Zusammenhang Fragen der sozialistischen ökonomischen Integration vor allem auf dem Gebiete des Neuerer- und Erfindungswesens von zentraler Bedeutung sind, ist objektiv im breiten Feld der Forschungskooperation, insbesondere mit der UdSSR, begründet. Kennzeichnend für die weitere Gestaltung der entwickelten sozialistischen Gesellschaft sind der gewaltige Aufschwung und die breite Entfaltung des wissenschaftlich-technischen Schöpfertums der Werktätigen.
Das weite Gebiet der Innovation, des Kreativen der Werktätigen, verbunden mit einer wachsend bewußten und schöpferischen demokratischen Mitwirkung bei der Leitung und Planung dieser Prozesse, stört die Apologeten der kapitalistischen Staaten und widerlegt täglich ihre Behauptungen von einer uniformierten, unfreien und undemokratischen Ordnung im Sozialismus. Deshalb versuchen sie, die Konvergenz durch das Wirken klassenneutraler Gesetzmäßigkeiten der „Industriegesellschaften" zu predigen.
Die breite nationale, internationale und ausländische Palette der damit im Zusammenhang stehenden Rechtsprobleme zeigt die Komplexität der Probleme. Gerade diese Komplexität erfordert besonders die Darstellung und Erforschung der ökonomischen,

technischen, informatorischen, soziologischen u. a. Faktoren, die weitestgehend für eine effektive Wirkung des Rechts bestimmend sind.
Diese Nahtstelle des komplexen Zusammenwirkens der verschiedenen Faktoren bei der staatlich-rechtlichen Leitung wissenschaftlich-technischer Schöpfungsprozesse sowie der Nutzung der dabei erzielten Ergebnisse und der Sicherung der gesellschaftlichen Interessen und der der Schöpfer durch den sozialistischen Staat etwas auszuleuchten und ihre Relevanz im RGW sichtbar zu machen – dem dienen die vorgelegten Forschungsergebnisse.

Prof. Dr. sc. jur. Ernst Winklbauer

Ernst Winklbauer

Probleme der staatlichen und rechtlichen Leitung des wissenschaftlich-technischen Schöpfertums

Wie einerseits der Organismus und die Organisation unserer Gesellschaft sich in einzelne gesellschaftliche Bereiche gliedert (Wirtschaft, Volksbildung usw.), verwirklicht der Staat der Diktatur des Proletariats die Leitung und Planung der gesellschaftlichen Entwicklung ebenso gesamtgesellschaftlich wie auch spezifisch in den einzelnen Lebensbereichen. Dabei drückt sich die Spezifik nicht darin aus, daß unabhängig von anderen gesellschaftlichen Bereichen und unabhängig von den Belangen der gesamten Gesellschaft geleitet wird. Sie äußert sich vielmehr darin, wie die Tätigkeit der Gesellschaft zur Beschleunigung z. B. der wirtschaftlichen Entwicklung besser und effektiver organisiert und gestaltet werden kann. Das ist der eine Aspekt, nämlich wie das Spezifische im Allgemeinen eingeordnet ist. Neben diesem Aspekt ist natürlich leitungstheoretisch und -praktisch weiterhin von Bedeutung, daß die Art der zu leitenden gesellschaftlichen Verhältnisse (wirtschaftliche, wissenschaftliche usw.) auch auf die Art ihrer Leitung einwirkt. So erfordert beispielsweise die Leitung der Produktion im Betrieb, wie sich dies auch in den rechtlichen Normativen äußert,[1] die eigenverantwortliche Gestaltung des betrieblichen Reproduktionsprozesses. Die AO über die Durchführung von Verteidigungen wissenschaftlich-technischer Aufgaben und Ergebnisse vom 23. 5. 1973[2] zeigt z. B. im § 3, daß solche spezifische Methoden der Verteidigung die diesen technisch-schöpferischen Arbeitsprozessen adäquate und besser entsprechende Leitungsform ist.

Aus diesem geschilderten Verhältnis vom Allgemeinen zum Besonderen oder Spezifischen ist auch die Unterschiedlichkeit in den Definitionen zum Leitungsbegriff zu verstehen.

So charakterisiert W. G. Afanasév die für die Leitung der sozialistischen Gesellschaft eigene Form der wissenschaftlichen Leitung der Gesellschaft:

> „Unter wissenschaftlicher Leitung der Gesellschaft wird die bewußte, zielgerichtete Einwirkung auf ein begrenztes gesellschaftliches System oder Untersystem auf der Grundlage der Erkenntnis und Nutzung objektiver Gesetzmäßigkeiten und fortschrittlicher Tendenzen verstanden, um damit sein effektives Funktionieren und seine effektive Entwicklung zu sichern. Zu leiten, das heißt vorauszusehen, in welche Richtung und wie die Gesellschaft sich entwickelt, gleichzeitig die Widersprüche und Hindernisse zu enthüllen und zu überwinden, die Vorzüge und die realen Möglichkeiten des Sozialismus mit dem Ziel seines erfolgreichen Hinüberwachsens in den Kommunismus zu nutzen."[3]

Kozlova und Kuznecov bestimmen die Leitung des Produktionsprozesses

> „als eine zielgerichtete Einwirkung auf Kollektive von Menschen, um ihre Tätigkeit im Prozeß der Produktion zu organisieren und zu koordinieren".[4]

Der Leningrader Physiologe K. A. Lange bestimmt die Spezifik der Wissenschaftsleitung wie folgt:

> „Die wissenschaftlich begründete Leitung der Wissenschaft sieht die Lösung eines

ganzen Komplexes von speziellen, nur der wissenschaftlichen Tätigkeit eigenen Aufgaben vor, beginnend mit dem Studium des Problems des individuellen und kollektiven Wechselverhältnisses in der wissenschaftlichen Arbeit und endet mit der allseitigen Erforschung der strukturell-organisatorischen, ökonomischen und sozialpsychologischen Aspekte des wissenschaftlichen Schöpfertums ... unter Leitung wissenschaftlicher Forschungen verstehen wir die organisierten Handlungen, die durch die gesellschaftlichen Bedürfnisse, aber auch durch die Eigenentwicklung und durch die Selbstregulierung der Wissenschaft bedingt sind, die die Koordinierungsfunktion des Forschungsapparates mit dem Ziel einer effektiveren Entwicklung der wissenschaftlichen Erkenntnis gewährleisten."[5]

Bereits hieraus wird das Verhältnis vom Allgemeinen zum Spezifischen ersichtlich.

Diese einleitenden Bemerkungen sind deshalb notwendig, weil die staatliche und rechtliche Leitung des wissenschaftlich-technischen Schöpfertums nur aus der Konstituierung der Arbeiterklasse als Staat, aus der Beziehung zur Leitung des wissenschaftlich-technischen Fortschritts und aus dem die Verwirklichung und Reproduktion der politischen und ökonomischen gesellschaftlichen Verhältnisse des Sozialismus bestimmenden Hauptprinzip, dem Prinzip des demokratischen Zentralismus darzustellen ist. Die Kenntnis des Verhältnisses vom Allgemeinen zum Spezifischen ist wesentlich für eine effektive Leitung des Schöpferischen im Forschungs- und Entwicklungsprozeß.

1. Kann man überhaupt von einer staatlichen und rechtlichen Leitung des wissenschaftlich-technischen Schöpfertums sprechen?

In Verallgemeinerung der bisherigen Ausführungen zum Verhältnis vom Allgemeinen zum Spezifischen sowie der Darlegungen zur wissenschaftlichen Leitung im Sozialismus, zum Begriff der Wirtschaftsleitung bzw. der Wissenschaftsleitung, und unter Auswertung weiterer Darlegungen zur begrifflichen Bestimmung der Leitung[6] kann von folgenden allgemeinen Merkmalen der Leitung ausgegangen werden:

- Leitung ist ein ununterbrochener Prozeß der Verwirklichung der Politik, u. a. auch der Wirtschafts- und Wissenschaftspolitik der Partei der Arbeiterklasse und des sozialistischen Staates,
- Leitung erfolgt unter Ausnutzung objektiver Gesetzmäßigkeiten und Prinzipien der Gesellschaftsentwicklung im Sozialismus,
- Leitung ist zielgerichtetes Einwirken von Wissenschaft und Technik,
- Leitung ist Organisation, Koordinierung, rationelle Gestaltung der Tätigkeit und Verhaltensweisen der Menschen im jeweiligen Arbeitsprozeß mit dem Ziel, die Effektivität dieser Tätigkeit zu erhöhen.

Zur Bestimmung der Leitung des wissenschaftlich-technischen Schöpfertums bedarf es weiterhin der Herausarbeitung jener Merkmale, die für das Schöpferische und für die Technik wesentlich sind.

In dem unter der Leitung von M. M. Karpov erarbeiteten interessanten Buch „Probleme der Entwicklung der Wissenschaft und des wissenschaftlichen Schöpfertums"[7] wird der sozialökonomische und sozialhistorische, informationelle und der logische Aspekt herausgearbeitet. Dabei wird das technische Schöpfertum als eine relativ selbständige Art der Tätigkeit hervorgehoben, dessen Ziel die Verbesserung der materiellen Produktion ist.

In der Tat muß das wissenschaftlich-technische Schöpfertum aus der sozialökonomischen Entwicklung der Arbeit im Sozialismus zur gesellschaftlich-schöpferischen Arbeit verstanden werden. Die vergesellschaftliche Arbeit im Sozialismus entfaltet sich zur schöpferischen Arbeit, indem sie auf den sozialhistorischen Fortschritt, auf die Errichtung des

Sozialismus/Kommunismus gerichtet ist. Das aber heißt nicht, daß jede einzelne produktive Tätigkeit des Menschen im Sozialismus schöpferisch sein muß. Sie ist es aber dann, wenn sie eine neue, gesellschaftlich, wissenschaftlich oder technisch fortschrittliche Lösung eines Problems darstellt.
Aus psychologischer Sicht ist das menschliche Schöpfertum u. a.
- durch das bewußte und zielgerichtete Vollziehen komplizierter psychischer Operationen,
- durch das in Etappen sich vollziehende Lösen eines Problems,
- durch das methodisch determinierte Tätigwerden,
- durch das neue Lösen sich wiederholender Widersprüche nach einem vorhandenen oder zu entwickelnden Algorithmus,
- durch Vollziehen zielgerichteter geistiger Schritte entsprechend einer inneren Modellstruktur

charakterisiert.
In jedem Falle aber wird von der neuen Lösung oder der Lösung mit neuem Effekt gesprochen. Dabei wird „neu" stets im Sinne gegenüber dem in der Welt vorhandenen Wissensstand gebraucht. Hier zeigt sich die Wechselbeziehung zwischen Information und Schöpfertum sowie der Bezugspunkt des Schöpferischen zur Verhaltensweise des Menschen. Jede Tätigkeit, also auch die schöpferische Tätigkeit des Menschen, widerspiegelt sich als eine historisch, sozialökonomisch, politisch, psychologisch usw. determinierte Verhaltensweise. Gerade als eine solche Verhaltensweise ist sie leitungsmäßig erfaßbar, weil sie auch bewußtseinsmäßig durch das normierte Recht bestimmbar ist und gestaltet werden kann. Zumeist beinhaltet die Rechtsnorm ja eine gezielte Verhaltensweise für die Menschen.[8]
Wie einerseits das Schöpfertum zu bestimmen war, will man es leitungstheoretisch und -praktisch erfassen, so galt dies auch für den Begriff der Technik, wie dies aus der Definition der Leitung des wissenschaftlich-technischen Schöpfertums klar ersichtlich wird. Die von mir im „neuerer"[9] geprägte Definition der Leitung des wissenschaftlich-technischen Schöpfertums präzisierend, verstehe ich unter der Leitung des wissenschaftlich-technischen Schöpfertums
- einen ununterbrochenen Prozeß der Verwirklichung der Wirtschafts- und Wissenschaftspolitik von Partei und Regierung durch die zuständigen Organe und Einrichtungen.
- Dieser Prozeß vollzieht sich unter optimaler Ausnutzung der objektiven Gesetzmäßigkeiten und durch die bewußte, planmäßige und zielgerichtete Einwirkung auf Kollektive von Menschen.
- Ziel dieses Prozesses ist es, die geplante, problemlösende und zielgerichtete Denktätigkeit und Verhaltensweisen der Menschen im Bereich der Technik zur Massenbewegung und zu einer wesentlichen Form der Verwirklichung der sozialistischen Demokratie zu entfalten.
- Ziel dieses Prozesses ist es weiterhin, im Ergebnis dieser Tätigkeit der Menschen neue Vorrichtungen, Verfahren, Stoffe, Stämme oder andere Gestaltungen von Naturdingen bzw. Naturprozessen operationalen Charakters zu schaffen, die bei planmäßiger Benutzung einen wirtschaftlichen oder gesellschaftlichen Vorteil erbringen.

Damit – und das ist wichtig festzustellen – ist natürlich die allgemeine Gesellschaftsleitung, nicht aber die staatlich-rechtliche Leitung dieses Prozesses bestimmt.
In der UdSSR hat sich Belych am profiliertesten mit den Fragen der politischen, der ge-

sellschaftlichen sowie der staatlich-rechtlichen Leitung befaßt. In seiner Schrift „Organisation, Politik und Leitung"[10] charakterisiert er die staatliche Leitung als

- die umfassendste politische Organisation der Werktätigen zur Errichtung des Sozialismus/Kommunismus unter Führung der Partei der Arbeiterklasse,
- die Verbindung von politischer und ökonomischer Leitung der Gesellschaft und der Sicherung des sozialistischen Eigentums,
- die Ausübung der zentralen wirtschaftlich-organisatorischen Funktion der Gesellschaft, die nicht auf die gesellschaftlichen Organisationen übertragbar ist,
- die Verwirklichung der Macht der Arbeiterklasse mittels allgemein verbindlicher und mit Gesetzeskraft ausgestalteter Beschlüsse,
- die Anwendung nicht nur der Methode der Überzeugung, sondern auch der Methode der staatlichen Sanktion,
- die Vergegenständlichung dieser Macht durch seine Organe, d. h. durch die staatlichen Organe zum Schutz der sozialistischen Gesellschaft.

Was ist also unter staatlich-rechtlicher Leitung des wissenschaftlich-technischen Schöpfertums zu verstehen?[11]

Gegenüber der durch die staatliche Leitung vollzogenen Entfaltung der schöpferischen Kräfte im allgemeinen begrenzt sich die staatlich-rechtliche Leitung des wissenschaftlich-technischen Schöpfertums in sachlicher Hinsicht auf die Entfaltung der schöpferischen Kräfte bei der Entwicklung des wissenschaftlich-technischen Fortschritts. Mit der Leitung und Organisation der wissenschaftlich-technischen Forschung und Entwicklung aber wird der technische Fortschritt in seiner quantitativen und qualitativen Seite erfaßt, d. h. auf die Durchführung geistig-schematischer und geistig-schöpferischer Prozesse in ihrer Einheit orientiert. Darüber hinausgehend wird sowohl in normativ allgemeinverbindlichen Regelungen als auch durch gesellschaftliche Normative und von entsprechenden staatlichen sowie gesellschaftlichen Organen eine spezifische Seite des Forschungs- und Entwicklungsprozesses leitungsmäßig erfaßt, nämlich die Neuerer- und Erfindertätigkeit. Das wissenschaftlich-technische Schöpfertum der Neuerer und Erfinder kann als ein durch staatliche Normative spezifisch bestimmtes wissenschaftlich-technisches Schöpfertum gekennzeichnet werden. In diesen staatlichen Normativen werden inhaltliche (Technik, Org. der Arbeit usw.), informationelle (Betriebsneuheit, Weltneuheit), soziologische (Stellung des Werktätigen im Produktionsprozeß) usw. Anforderungen verbindlich an das leitungsmäßig zu erfassende wissenschaftlich-technische Schöpfertum der Werktätigen festgelegt.

Neben der sachlichen, informatorischen und der inhaltlichen Spezifizierung des wissenschaftlich-technischen Schöpfertums erfolgt in zunehmendem Maße auch noch die Spezifizierung nach dem Kompetenzbereich der speziell für die Planung zuständigen Organe und nach der Leitungs- und Planungshierarchie. So vollzieht sich z. B. ein Kompetenzwandel der Patentämter. Leitungs- und planungstheoretisch stellt sich uns aus der Sicht der staatlich-rechtlichen Leitung des wissenschaftlich-technischen Schöpfertums folgendes Bild dar:

Wir haben die Leitung des gesamten volkswirtschaftlichen Reproduktionsprozesses und seine planmäßige Widerspiegelung im Volkswirtschaftsplan. Als dessen untrennbarer Teil und durch die inhaltliche Spezifik gekennzeichnet, erfaßt der sozialistische Staat im Plan Wissenschaft und Technik die auf die Entfaltung des wissenschaftlich-technischen Schöpfertums bei der Entwicklung des wissenschaftlich-technischen Fortschritts orientierenden und organisierenden Kennziffern bis hin zu leitungsorganisatorischen Kompetenzen und Hierarchien.

Im Rahmen der Leitung und Planung von Wissenschaft und Technik wird – wie bereits nachgewiesen – tendenziell eine weitere leitungs- und planungsmäßige Spezifizierung durch den sozialistischen Staat vorgenommen, nämlich eine auf das erfinderische Schöpfertum im breitesten Sinne des Wortes gerichtete Spezifizierung, das die schöpferische Tätigkeit der Neuerer mit einschließt. In der UdSSR haben vor allem Bakastov[12] und Sawitschew[13] zu solch spezifischen Fragen in der Literatur Stellung genommen.

2. Welche Konsequenzen ergeben sich aus der Stellung des Neuerer- und Erfindungswesens im wissenschaftlich-technischen Schöpfertum für dessen staatlich-rechtliche Leitung?

Im Zusammenhang mit der hier gestellten Frage bedürfen vor allem die folgenden zwei Probleme einer Lösung:

a) In welchem Zusammenhang und mit welcher Spezifik ist an die staatlich-rechtliche Leitung des Neuerer- und Erfindungswesens heranzugehen?

b) Welche rechtstheoretischen Konsequenzen ergeben sich sowohl aus dem Zusammenhang zwischen Schöpfertum und Erfindungswesen als auch zwischen der leitungstheoretischen und der rechtstheoretischen Zielstellung?

a) Der Zusammenhang und die Spezifik zwischen der staatlich-rechtlichen Leitung des Neuerer- und Erfindungswesens und der staatlich-rechtlichen Leitung des wissenschaftlich-technischen Fortschritts sowie der Gesellschaft überhaupt beschäftigt die Erfinderrechtswissenschaft schon seit längerer Zeit. Eine Lösung kann nur auf der Grundlage einer näheren Bestimmung des sozialistischen Rechts gefunden werden. Ohne alle Merkmale, die das sozialistische Recht als Instrument der staatlichen Leitung bestimmen, darzulegen, sei doch auf jene Merkmale verwiesen, die wesentlich für die Charakterisierung der staatlich-rechtlichen Leitung wissenschaftlich-technischer Schöpfungsprozesse sind. Wesentlicher Ausgangspunkt ist, daß das sozialistische Recht in der Etappe der entwickelten sozialistischen Gesellschaft Willensausdruck der von der marxistisch-leninistischen Partei geführten Arbeiterklasse ist.

Leitungstheoretisch und -praktisch von Bedeutung ist weiterhin, daß das sozialistische Recht ein Instrument der Arbeiterklasse bei der planmäßigen Gestaltung der entwickelten sozialistischen Gesellschaft ist und die sozialistischen Gesellschaftsverhältnisse sichert. Es wird als allgemeinverbindliche Verhaltensregeln durch den sozialistischen Staat festgelegt, sanktioniert und verwirklicht.

Leitungstheoretisch und -praktisch ist interessant, daß das sozialistische Recht also

- normativ,
- bewußt und planmäßig gesellschaftsgestaltend,
- organisierend,
- allgemeinverbindlich,
- verhaltensregelnd und
- staatlich durchsetzbar

ist.

Unter dem Gesichtspunkt dieser allgemeinen, auch dem Neuerer- und Erfinderrecht zugehörigen Merkmale des sozialistischen Rechts bedarf es nun der Bestimmung der Spezifik. Diese Spezifik ist aus den besonderen Eigenheiten der gesellschaftlichen Verhältnisse abzuleiten, die durch das Neuerer- und Erfinderrecht zu regeln sind. Die jeweils spezifischen Eigenschaften können je nach Zielstellung unterschiedlich betont werden.

Unter persönlichkeitsrechtlichem Gesichtspunkt steht die Entfaltung des Menschen und seiner Persönlichkeit im Schöpfungsprozeß im Mittelpunkt der Betrachtung. Dabei muß darauf geachtet werden, daß das menschliche Schöpfertum stets in seiner gesellschaftlichen Bedingtheit gesehen und nicht einseitig aus seiner Genialität alleine abgeleitet wird.

Eine Betrachtungsweise dagegen, die alleine vom Warencharakter erfinderischer Lösungen und den sich daraus notwendig ergebenden rechtlichen Konsequenzen ausgeht, orientiert ungenügend auf den Schöpfungsprozeß und die Entfaltung des Menschen und seines wissenschaftlich-technischen Schöpfertums.

Bakastov[14] geht nun in der Herausarbeitung der Spezifik weiter, indem er das Neuerer- und Erfindungswesen als erfinderisches Schöpfertum spezifiziert, welches er zum wissenschaftlich-technischen Schöpfertum als dem Allgemeinen in bezug setzt. Damit vermittelt er die Beziehungen des Erfinderischen zum wissenschaftlich-technischen Fortschritt über das wissenschaftlich-technische Schöpfertum. Das wissenschaftlich-technische Schöpfertum kennzeichnet also eine spezifische Seite des wissenschaftlich-technischen Fortschritts, nämlich die schöpferische Seite seiner Entwicklung sowie der Entwicklung der Produktivkräfte.

Untersucht man hier die etwas vereinfacht dargestellten Spezifika der gesellschaftlichen Verhältnisse, die neuerer- und erfinderrechtlich relevant sind, so bietet die von Bakastov vertretene Auffassung gute Ansatzpunkte für eine leitungsrechtstheoretische Betrachtung. Es ist sicherlich unbestritten, daß technisch-schöpferische Prozesse sich im Rahmen der Forschung und Entwicklung und der Entwicklung des wissenschaftlich-technischen Fortschritts vollziehen. Wenn aber, wie die Kybernetik betont, schöpferische Arbeit nicht nur das Verarbeiten von Informationen schlechthin ist, sondern das Erarbeiten neuer Informationen, ja neuer Informationsmodelle, dann charakterisiert die Entwicklung des wissenschaftlich-technischen Fortschritts sowie der Produktivkräfte sowohl das Nichtschöpferische als auch das Schöpferische in seiner Einheit. Will man also den allgemeinen Zusammenhang des Neuerer- und Erfindungswesens zum wissenschaftlich-technischen Fortschritt charakterisieren, so ist dieser Zusammenhang über das Schöpferische im wissenschaftlich-technischen Fortschritt herzustellen. Zum wissenschaftlich-technischen Schöpfertum als das Allgemeine zeigt sich dann das erfinderische Schöpfertum als ein durch eine besondere Neuheit spezifiziertes wissenschaftlich-technisches Schöpfertum. Diese Erkenntnis ist sowohl leitungs- als auch rechtstheoretisch von großer Bedeutung. Die staatlich-rechtliche Leitung des Neuerer- und Erfindungswesens ist demzufolge aus dieser Sicht als eine wesentliche Form der Entfaltung des wissenschaftlich-technischen Schöpfertums sowie der volkswirtschaftlich effektiven und planmäßigen Nutzung der dabei erzielten Ergebnisse zu gestalten. Die rechtliche Sicherung der Einheit von Schöpfungs- und Nutzungsprozeß wird zu einem wesentlichen Merkmal des sozialistischen Neuerer- und Erfinderrechts.

b) Rechtstheoretisch muß erst einmal davon ausgegangen werden, daß das sozialistische Recht allgemeinverbindliche Verhaltensregeln umfaßt, die in Gestalt von Normativakten vom sozialistischen Staat erlassen oder sanktioniert und vom Staat geschützt werden. Mollnau[15] hat folgende, das Wesen des sozialistischen Rechts bestimmende Kriterien hervorgehoben:

- Das sozialistische Recht ist in all seinen Entwicklungsetappen revolutionär, gesellschaftsverändernd; es ist auf die Durchsetzung des gesellschaftlichen Fortschritts gerichtet.

- Das sozialistische Recht ist dynamisch.
- Das sozialistische Recht ist seinem Wesen nach schöpferisch gesellschaftsorganisierend, d. h. es leitet zu bewußtem, planmäßigem Handeln an.
- Der sozialistische Internationalismus ist Grundlage des sozialistischen Rechts.
- Das sozialistische Recht ist ein historisch bestimmter vergänglicher Typ des Rechts.

Daraus folgt die rechtstheoretisch weitergehende Feststellung, daß das sozialistische Recht leitungseffektiv wird, weil es als allgemeinverbindliche Verhaltensregel in seiner revolutionär gesellschaftsverändernden, dynamischen, schöpferisch gesellschaftsorganisierenden und internationalistischen Weise wirksam gemacht wird. Gesellschaftsverändernd und gesellschaftsorganisierend kann es nur werden, wenn es das spezifisch zu verändernde und zu organisierende in seinem allgemeinen Zusammenhang erfaßt. Diese Darlegungen sollen am Beispiel des rechtlichen Schutzes und der Realisierung von Erfindungen im Ausland – Teil VII der neuen sowjetischen VO – veranschaulicht werden. Punkt 103 lautet:

> „Zum Schutz der ökonomischen Interessen der UdSSR auf dem Gebiet der Erfindungen im Ausland und der Beschleunigung des technischen Fortschritts im Lande setzen die Ministerien, Ämter, Betriebe und Organisationen durch:
> - die Patentierung (Rechtsschutz) sowjetischer Erfindungen im Ausland,
> - die Lizenzvergabe für sowjetische Erfindungen und wissenschaftlich-technische Errungenschaften und die Lizenznahme für Erfindungen und wissenschaftlich-technische Errungenschaften, die Ausländern gehören,
> - die Prüfung der Patentreinheit der sowjetischen Erzeugnisse,
> - das Studium und die Ausnutzung der Patentinformation auf allen Ebenen der Planung und Schaffung neuer Erzeugnisse und technologischer Prozesse."[16]

An diesem Beispiel soll sichtbar gemacht werden, daß und wie die Effektivität des Rechts im Leitungsprozeß davon abhängig ist, das Spezifische in seinem allgemeinen Zusammenhang zu erfassen und hinsichtlich der Arbeit mit Schutzrechten, also nicht nur den Schutz, sondern auch die Beschleunigung des eigenen technischen Fortschritts und die Information, zur leitungsrechtlichen Zielstellung zu erheben.

Indem die Planung der Erfinder- und Neuerertätigkeit leitungsmäßig in ihrer Zielstellung vor allem darauf orientiert wird, die schöpferischen Kräfte der Erfinder und Neuerer
- auf die Lösung aktueller Aufgaben der Vervollkommnung der gesellschaftlichen Produktion,
- auf die gleichzeitige und breite Nutzung effektiver Erfindungen und Neuerervorschläge in der Produktion,
- auf die Entwicklung des technischen Schöpfertums der Werktätigen,
- auf ihre Einbeziehung in die aktive Erfinder- und Neuerertätigkeit

zu richten, und für die Leitung spezifischer Organe eingesetzt bzw. vorhandene Organe spezifische Aufgaben erhalten, werden die rechts- und leitungstheoretischen Konsequenzen sichtbar gemacht. Diese Orientierung zur allgemeinverbindlichen normativen Verhaltensregel der staatlichen und wirtschaftsleitenden Organe erhoben, sichert die Entwicklung des erfinderischen Schöpfertums der Werktätigen.

Die Erforschung und Beachtung des Wechselverhältnisses von Allgemeinem und Spezifischem ist gerade deshalb von so großer Bedeutung, weil es leitungstheoretisch und leitungspraktisch verhindert, zu einseitigen Orientierungen zu gelangen. Zu glauben, daß mit der allgemeinen Orientierung auf die Entfaltung des wissenschaftlich-technischen Schöpfertums im Rahmen der Leitung und Planung des wissenschaftlich-technischen Fortschritts Genüge getan sei, verkennt die Notwendigkeit, die Verhaltensweisen der Werktätigen rechtlich konkret zu erfassen.

Es verbleibt aber immer noch die Frage, ob die Erfinder- und Neuerertätigkeit eine solche Spezifik aufweist, daß sie hinlichtlich ihrer Leitung rechtlich relativ selbständig auszugestalten ist.

In den bisherigen Darlegungen ist bereits der Hinweis erfolgt, daß das Schöpfertum der Neuerer und Erfinder sich zum wissenschaftlich-technischen Schöpfertum wie das durch sachliche, inhaltliche und informationelle Gesichtspunkte spezifizierte Schöpfertum verhält. Damit wird nun die weitergehende Frage aufgeworfen, ob unter dem Gesichtspunkt dieser Prozesse im Rahmen der Leitung und Planung von Wissenschaft und Technik eine selbständige Leitungsstruktur und -hierarchie zu entwickeln ist.

Prüft man das Für und Wider, so ergibt sich folgende Schlußfolgerung:

Gegen eine solche spezifische Struktur spricht u. a.

- die Notwendigkeit, das Neuerer- und Erfindungswesen leitungstheoretisch und -praktisch als wesentlichen Bestandteil der Leitung und Planung des wissenschaftlich-technischen Fortschritts rechtlich auszugestalten,
- den für die Rationalisierung der Produktion sowie für die Forschung und Entwicklung vorhandenen Leitungsmechanismus sowie die entsprechenden Kompetenzen, Verantwortlichkeiten und Rechte und Pflichten (VO über die Aufgaben, Rechte und Pflichten der VEB, Kombinate und Betriebe usw.) für die Gestaltung des Neuerer- und Erfindungswesens auszunutzen,
- den wissenschaftlich-technischen Schöpfungsprozeß im Rahmen der Forschung und Entwicklung und den erfinderischen Schöpfungsprozeß nicht voneinander zu trennen.

Für eine zumindest partielle Spezifik, die rechtlich bei der Leitung und Planung des wissenschaftlich-technischen Fortschritts[17] ihren Ausdruck finden sollte, sprechen vor allem folgende Argumente:

- Nicht die gesamte Forschung und Entwicklung kann und soll auf erfinderische Lösungen orientiert werden.
- Nicht jede technisch-schöpferische Leistung kann und soll eine Neuererleistung sein (Notwendigkeit, das soziologische Element ist zu berücksichtigen).
- Erfinderische Ergebnisse sind oft wissenschaftlich-technische Leistungen, die ein besonderes Niveau aufweisen und ihres Niveaus und ihrer Nutzung wegen besonders erfaßt, geschützt und anerkannt werden sollen.
- Um wissenschaftlich-technische Ergebnisse mit erfinderischem Niveau wirtschaftlich planmäßig und vor allem für bestimmte ausgewählte und volkswirtschaftlich wichtige Gebiete zu erlangen, bedarf es der thematischen Auswahl sowie der besonderen Stimulierung.

Wägt man die für und gegen eine spezifische leitungsmäßige und rechtliche Erfassung des Neuerer- und Erfindungswesens sprechenden Faktoren ab, so wäre vorzuschlagen, eine besondere thematische Planung des Neuerer- und Erfindungswesens im Planteil Wissenschaft und Technik in Erwägung zu ziehen; die vorhandene Leitungsstruktur der Forschung und Entwicklung durch Festlegung spezifischer Kompetenzen und Verantwortlichkeiten in einem einheitlich gestalteten Schöpfungs-, Überleitungs- und Nutzungsprozeß besser zu befähigen, diese Aufgaben zu lösen, die Verantwortlichkeiten und Kompetenzen des Amtes für Erfindungs- und Patentwesen für die Erhöhung der Effektivität der Leitung und Planung des wissenschaftlich-technischen Schöpfertums im Rahmen der Leitung und Planung des wissenschaftlich-technischen Fortschritts zu verstärken und den rechtlichen Schutz von erfinderischen Lösungen im In- und Ausland noch direkter in das wirtschaftspolitische Handeln der Betriebe, Kombinate und VVB einzubeziehen.

Anmerkungen

1 Vgl. „VO über die Aufgaben, Rechte und Pflichten der volkseigenen Betriebe, Kombinate und VVB“, GBl. Teil I, Nr. 15 vom 3. 4. 1973, S. 129, § 8.

2 GBl. Teil I, Nr. 29 vom 22. 6. 1973, S. 289, § 3.

3 W. G. Afanasév, „Naucne – techniceskaja revolucija, upravlenie, obrazovanie“, Verlag Polit. Literatur, Moskau 1972, S. 111–112, russ.

4 O. W. Kozlova, I. N. Kuznecov, „Naucnye osnovy upravlenia proizvodstvom“, Verlag „Ökonomika“, Moskau 1970, S. 3.

5 K. A. Lange, „Organizacia, upravlenia naucnymi issledovaniami“, Verlag die Wissenschaft, Leningrad 1971, S. 60, 63–64.

6 L. F. Iotova, „Die Leitung der Gesellschaft und die soziale Information“, in „Naucnoe upravlenie obcestvom“, Verlag. „Mysl“, Moskau 1970, S. 182, russ. „Materialien über die Wissenschaftswissenschaft“, SOPS – Kiew 1971, Ausgabe 15, S. 7 ff., russ.;
D. M. Gvisiani, „Die Wissenschaft heute leiten“, in „Organisation der Leitung“, Verlag „Ökonomie“, Moskau 1971, S. 13.
O. A. Deineko, „Metodologiceskie problemy nauki upravlenia proizvodstvom“, Verlag „Die Wissenschaft“, Moskau 1970, S. 91.

7 Problemy razvitia nauki i naucnogo tvorcestva, Verlag der Rostower Universität, 1971.

8 Vgl. hierzu E. Winkelbauer, „Die staatliche Leitung und Planung des wissenschaftlich-technischen Schöpfertums im Sozialismus und das Erfindungswesen“, „der neuerer“, Ausg. B, H. 11, 1972, S. 163 ff.

9 E. Winkelbauer, „Die staatliche Leitung und Planung des wissenschaftlich-technischen Schöpfertums ...“, a. a. O., S. 166.

10 A. K. Belych, „Organisation, Politik, Leitung“, Dietz Verlag, Berlin 1969, S. 89 ff.

11 Dabei ist staatlich-rechtliche Leitung des wissenschaftlich-technischen Schöpfertums stets als ein spezifischer und relativ charakteristischer Aspekt der Leitung des wissenschaftlich-technischen Fortschritts zu verstehen.

12 W. N. Bakastov, „Woprosy patentovedenie“, Verlag ZNIIPI, Moskau 1971.

13 G. P. Savicev, „Techniceskie progress i voprosy izobretatelskogo prava“, Verlag der Moskauer Universität 1972.

14 W. N. Bakastov, „Voprosy ...“, a. a. O., S. 3.

15 Vgl. auch K. A. Mollnau, K. H. Schöneburg, „Die Arbeit am Lehrbuch „Marxistisch-leninistische Staats- und Rechtstheorie“, Staat und Recht, H. 9/1973, S. 1424 ff.

16 „VO über Entdeckungen, Erfindungen und Neuerervorschläge der UdSSR“ vom 21. 8. 1973.

17 Die Spezifik konkretisiert sich vom Allgemeinen zum Besonderen.

Robert Kastler

Zur Konzeption des sozialistischen Erfinderrechts

Ausgehend von der Bedeutung des Erfindungswesens bei der Entwicklung des wissenschaftlich-technischen Fortschritts und damit bei der Lösung der von der Partei beschlossenen Hauptaufgaben werden Gegenstand und grundlegende Prinzipien des sozialistischen Erfinderrechts dargestellt.
Das sozialistische Erfinderrecht beschränkt sich nicht nur auf den Rechtsschutz von Erfindungen, sondern regelt den Erarbeitungs- und Nutzungsprozeß komplex. Die staatliche Leitung des Erfindungswesens erfordert daher weit mehr rechtliche Regelungen als die über den Rechtsschutz von Erfindungen. Dabei wird es darauf ankommen, sich konzeptionell in noch stärkerem Maße an den Erfordernissen der sozialistischen ökonomischen Integration zu orientieren.

I. Erfindungswesen und seine staatliche Leitung

Ein schnelles Tempo und hohes Niveau des wissenschaftlich-technischen Fortschritts ist in der entwickelten sozialistischen Gesellschaft entscheidendes Mittel zur Verwirklichung der Ziele der Wirtschafts- und Sozialpolitik. Die Ausnutzung der Möglichkeiten des wissenschaftlich-technischen Fortschritts im allgemeinen und der wissenschaftlich-technischen Revolution im besonderen stellt hohe Anforderungen an die schöpferischen Leistungen der Werktätigen und an die Leitungen. Im Programm der SED wird deshalb gefordert, „die wissenschaftlich-technische Arbeit selbst zu intensivieren, den erforderlichen wissenschaftlichen Vorlauf zu sichern, in möglichst kürzeren Fristen in Forschung und Entwicklung Ergebnisse von hohem Niveau zu erzielen und diese rasch und in großem Umfang anzuwenden“.[1] Den hohen Anforderungen an den zu gewährleistenden wissenschaftlich-technischen Fortschritt wird um so mehr entsprochen, je breiter das Erfindungswesen als immanenter Bestandteil dieses Prozesses sich entwickelt. Wie die Praxis der sozialistischen Staaten zeigt, tritt das Erfindungswesen bei der Entfaltung des wissenschaftlich-technischen Fortschritts in der entwickelten sozialistischen Gesellschaft immer stärker hervor. Die Anzahl der erreichten erfinderischen wissenschaftlich-technischen Lösungen und ihr Einfluß auf das Niveau der technischen Basis der Produktion nimmt in den sozialistischen Ländern ständig zu.
Das Erarbeiten und Nutzen von im Weltmaßstab neuen technischen Lösungen, die einen bedeutenden technischen Fortschritt ermöglichen, erlangt in der sozialistischen Gesellschaft eine neue Qualität. Im Verlaufe der Herausbildung und der weiteren Gestaltung der sozialistischen gesellschaftlichen Verhältnisse wird das erfinderische Schaffen und das gesamtgesellschaftliche Ausnutzen der erfinderischen Ergebnisse immer mehr zu einem auf breiter Basis im gesamtstaatlichen Maßstab planmäßig gestalteten Entwick-

lungsprozeß. Wir erfassen diesen Bereich der gesellschaftlichen Wirklichkeit mit dem Begriff Erfindungswesen. Wenn man vom gesamtgesellschaftlichen Arbeitsprozeß ausgeht, dann kann man unter Erfindungswesen im Rahmen des bewußt gestalteten wissenschaftlich-technischen Fortschritts die Gesamtheit der Tätigkeiten verstehen, die auf das planmäßige Hervorbringen von Erfindungen und das planmäßige Nutzen von Erfindungen gerichtet sind. Im Erfindungswesen zeigt sich in spezifischer Weise die Entfaltung der schöpferischen Fähigkeiten und Aktivitäten der Werktätigen, es ist Ausdruck des sozialistischen Charakters der Arbeit. Wenn Lenin zur Aktivität und Initiative der Massen in der sozialistischen Entwicklung sagte: „Eine der wichtigsten Aufgaben, wenn nicht die wichtigste, besteht jetzt darin, die ... selbständige Initiative der Arbeiter und überhaupt aller Werktätigen und Ausgebeuteten bei der schöpferischen organisatorischen Arbeit in möglichst breitem Umfang zu entwickeln“[2], so trifft das mit besonderer Anforderung für die objektiv notwendige Entfaltung des erfinderischen Schaffens zu.
Erfindungswesen erfaßt nicht lediglich die Tätigkeit der Erfinder selbst, also nicht nur das Ausarbeiten erfinderischer Ideen, sondern z. B. auch die spezifischen Aktivitäten im Hinblick auf die Erarbeitung von auf erfinderische Lösungen orientierenden Aufgabenstellungen, die Umsetzung erfinderischer Ideen in technische Objekte, die Überführung der Ergebnisse in die Produktion. (Damit soll der Umfang lediglich angedeutet werden.) Umfang und erforderliche Zielgerichtetheit dieser Tätigkeiten stellen spezifische Anforderungen an die Leitung. Das Erfindungswesen als die Gesamtheit der o. a. Tätigkeiten erfordert notwendigerweise eine spezifische Leitung. Wir können deshalb von einer Leitung des Erfindungswesens sprechen.[3]
In den sozialistischen Ländern, insbesondere in der UdSSR, wird in den letzten Jahren den Fragen der Planung und Leitung des Erfindungswesens verstärkte Aufmerksamkeit geschenkt.[4] Die entwickelten sozialistischen Produktionsverhältnisse ermöglichen und erfordern die planmäßige Entwicklung des Erfindungswesens. „Planmäßigkeit ist die allgemeine, allen ökonomischen Hauptprozessen eigene Bewegungsform der sozialistischen (kommunistischen) Produktion. Außerhalb dieser Form läßt sich keine ökonomische Kategorie des Sozialismus und Kommunismus begreifen.“[5] Die Zusammenarbeit der RGW-Staaten auf ökonomischem und wissenschaftlich-technischem Gebiet verstärkt die Anforderungen an die Planmäßigkeit der Entwicklung im Maßstab der RGW-Mitgliedsländer, und zwar sowohl im Hinblick auf die einzelnen Volkswirtschaften als auch in deren Relation zueinander.
Wenn immer stärker hervorgehoben wird, die planmäßige Entwicklung des Erfindungswesens mit der planmäßigen, intensiven Erarbeitung, Überleitung und Nutzung von Objekten der neuen Technik organischer zu verbinden[6] und die staatliche Leitung des Erfindungswesens entsprechend zu qualifizieren, so steht das u. a. damit im Zusammenhang, daß

- die progressive Entwicklung des wissenschaftlich-technischen Fortschritts immer stärker auf der Basis bedeutenderer Erfindungen aufgebaut sein muß[7],
- die Gesamtheit der zur Ausnutzung des wissenschaftlich-technischen Fortschritts erforderlichen Aktivitäten im Interesse einer Intensivierung der wissenschaftlich-technischen Arbeitsprozesse sowie des Niveaus der wissenschaftlich-technischen Ergebnisse und des Tempos ihrer gesellschaftlichen Nutzung einer einheitlichen komplexen Leitung bedürfen und
- die Massenbasis des Erfindungswesens einer weiteren Ausweitung bedarf.

In den Anfängen der Entwicklung des sozialistischen Erfindungswesens wurde vor allem

über die Anerkennung und Stimulierung der Erfinder und andere allgemeine Maßnahmen der Förderung des Erfindungswesens staatliche Leitung auf dem Gebiet des Erfindungswesens ausgeübt. Heute erfordert die planmäßige Entfaltung des Erfindungswesens in der entwickelten sozialistischen Gesellschaft die leitungsmäßige staatliche Einflußnahme auf die Gesamtheit der Beziehungen, die mit dem Hervorbringen und der Nutzung von Erfindungen verbunden bzw. unmittelbar darauf gerichtet sind. Die staatliche Leitung des Erfindungswesens muß als integrierter Bestandteil der staatlichen Leitung des wissenschaftlich-technischen Fortschritts realisiert werden, weil die Erarbeitung und Nutzung von Erfindungen selbst immanenter Bestandteil des Prozesses der Umgestaltung der technischen Basis ist. Die staatliche Leitung des Erfindungswesens muß darauf gerichtet werden, daß, den wirtschafts- und wissenschaftspolitischen Zielstellungen gemäß, im Weltmaßstab neue, d. h. erfinderische technische Lösungen erarbeitet werden und erfinderische Lösungen schnell zur optimalen wirtschaftlichen Ausnutzung gebracht werden. Das erfordert die planmäßige Ausarbeitung von Objekten der neuen Technik (Erzeugnisse und/oder Technologien) unter Einbeziehung oder auf der Grundlage von Erfindungen und die schnelle und effektive Überführung dieser Objekte in die materielle Produktion sowie einen wirksamen Schutz (schutzrechtlichen oder Geheimhaltung) der erfinderischen Lösungen.
Bei der Entwicklung des Erfindungswesens zeigen sich die allgemeingültigen Entwicklungsgesetzmäßigkeiten der entwickelten sozialistischen Gesellschaft, die es bewußt durchzusetzen gilt. Dazu kann man zählen: Führende Rolle der Arbeiterklasse und der marxistisch-leninistischen Partei, Planmäßigkeit, Entfaltung der sozialistischen Demokratie, höhere Aufgaben des sozialistischen Staates, Entfaltung der sozialistischen Persönlichkeit, proletarischer Internationalismus.
Zur Durchdringung der Leitung wurden vor allem unter dem Aspekt der Methoden der Leitung Vorschläge und Erkenntnisse unterbreitet[8], die auch für die Leitung des Erfindungswesens gelten.[9] Dabei wird vor allem nach allgemeinen politisch-ideologischen, nach ökonomischen, nach organisatorischen und nach informatorischen Methoden und Aspekten differenziert. In der genannten Literatur ist ein weitgehend übereinstimmendes Herangehen an eine solche Systematisierung zu erkennen. Unterschiede bestehen in der mehr oder weniger breiten Aufgliederung der Methoden und Aspekte. Wir können uns hier zur Leitung des Erfindungswesens einer solchen Systematisierung anschließen. Uns geht es jedoch nicht um die Frage der Leitungsmethoden, sondern um die von der Leitung zu gestaltenden Beziehungen, die man ebenfalls nach allgemein politisch-ideologischen und moralischen, nach ökonomischen, organisatorischen und informatorischen Aspekten systematisieren kann. Eine solche Systematisierung kann dazu dienen, einzelne Seiten oder Aspekte der Leitung des Erfindungswesens deutlich zu machen. Es ist jedoch notwendig, darauf zu achten, daß diese Aspekte nicht isoliert existieren, sondern komplex miteinander verbunden sind, sich gegenseitig durchdringen und nur in dieser Weise wirksam sind. Ausgehend von den Aufgaben, die mit der weiteren gesellschaftlichen Entwicklung, insbesondere der Schaffung der materiell-technischen Basis des allmählichen Überganges zum Kommunismus, an das Erfindungswesen zu stellen sind, läßt sich eine Reihe von spezifischen Anforderungen formulieren, denen bei der Entwicklung des Erfindungswesens besondere Aufmerksamkeit zu schenken ist.
So kommt es *erstens* darauf an, daß die für die Entfaltung des Erfindungswesens erforderlichen *grundlegenden Überzeugungen* und *Verhaltensweisen* weiter herausgebildet werden. Dazu gehört: die Einsicht in die gesellschaftliche Bedeutung des Erfindungs-

wesens bei der weiteren Entfaltung der entwickelten sozialistischen Gesellschaft und die Notwendigkeit seiner allseitigen Förderung; die Erziehung zu hoher Einsatzbereitschaft und kühnem Denken und Handeln bei der wissenschaftlich-technischen Arbeit und ihrer Leitung; die hohe gesellschaftliche Achtung und Anerkennung bedeutenden wissenschaftlich-technischer Leistungen der Werktätigen; die Einbeziehung von immer mehr Werktätigen in das Erfindungswesen und in die Leitung des Erfindungswesens.

Zweitens gilt es, ökonomische Beziehungen durch die staatliche Leitung zu gestalten und entsprechende Mittel einzusetzen, die sich aktivierend auf das Erfindungswesen auswirken. So geht es vor allem um die Durchsetzung des Leistungsprinzips und der wirtschaftlichen Rechnungsführung. Das geschieht gegenwärtig in erster Linie über die Erfindervergütung. Das kann des weiteren aber auch in der Weise erfolgen, daß die Leistungen der Betriebe und der Einrichtungen (z. B. im Zusammenhang mit der Bildung bestimmter Fonds) unter Einbeziehung der Ergebnisse des Erfindungswesens bewertet werden. Des weiteren ist dazu die Gestaltung von ökonomischen Nachnutzungsbeziehungen zwischen Ursprungsbetrieben und nachnutzenden Betrieben zu zählen. Der Umfang benutzter Erfindungen kann im Hinblick auf das damit erreichte wissenschaftlich-technische Niveau auch bei der Preisbildung für neue Erzeugnisse beachtet werden. Entscheidend ist auch die Ausstattung der Betriebe mit solchen Fonds, die ein hohes Niveau der wissenschaftlich-technischen Arbeit, vor allem auch die Durchführung von Experimenten, Erprobungen etc., ermöglichen.

Die planmäßige Entfaltung des Erfindungswesens bedarf *drittens* der *Gestaltung bestimmter Organisationsbeziehungen* durch den sozialistischen Staat, um den Prozeß der Erarbeitung und Nutzung von Erfindungen auf das erforderliche Niveau der Bewußtheit zu heben. Hier ist vor allem zu denken an die staatlich geleitete Vorbereitung von Aufgabenstellungen des Planes Wissenschaft und Technik und die dabei herauszuarbeitenden Orientierungen auf im Weltmaßstab neue, d. h. erfinderische Lösungen. Die Planvorbereitung und Planentscheidung erfolgt in bestimmten Organisationsformen mit entsprechenden Festlegungen zur Verantwortlichkeit auf den Ebenen der staatlichen und wirtschaftsleitenden Organe und der Betriebe und Einrichtungen. Damit wird gesichert, daß die erforderlichen Orientierungen und Festlegungen zur Entwicklung der Erfindertätigkeit als Bestandteil der Entwicklung des wissenschaftlich-technischen Fortschritts im Interesse der Realisierung der staatlichen Wirtschafts- und Technikpolitik erfolgen. Des weiteren gilt es, die Bearbeitung der im Plan festgelegten wissenschaftlich-technischen Vorhaben in einer festen Ordnung durchzuführen, die ein Höchstmaß an Schöpferkraft und Effektivität der Arbeit der Werktätigen bei der Erarbeitung von neuen technischen Lösungen und der Überleitung in die Produktion ermöglichen und gewährleisten. Schließlich müssen vielfältige Kooperationsbeziehungen (national und in der RGW-Zusammenarbeit) organisiert werden, die ebenfalls einer strengen Ordnung und Verantwortlichkeitsregelung bedürfen und in denen die Entfaltung des Erfindungswesens in den zu kooperierenden Teilprozessen einen entsprechenden Stellenwert haben müssen. Nicht zuletzt sind ganz spezifische Organisationsbeziehungen zu gestalten, die zur Sicherung der erreichten erfinderischen Lösungen erforderlich sind (schutzrechtliche Sicherung, Geheimhaltung).

Wenn hier *viertens Informationsbeziehungen* besonders angeführt werden, so muß beachtet werden, daß selbstverständlich die bereits angeführten Beziehungen (z. B. auch die Organisationsbeziehungen) immer gleichzeitig mit Informationsbeziehungen verknüpft sind. Wir erfassen hier unter viertens spezifische Informationsbeziehungen, die für das

Erarbeiten und Nutzen von im Weltmaßstab neuen, d. h. erfinderischen Lösungen eine besondere Rolle spielen. Es ist das die Gestaltung von Informationseinflüssen zum neuesten Stand in Wissenschaft und Technik, zu den Tendenzen des wissenschaftlich-technischen Fortschritts und zur Schutzrechtssituation.[10]

II. Zu den Aufgaben und zum Gegenstand des sozialistischen Erfinderrechts

Die Gestaltung der für die Entfaltung des Erfindungswesens notwendigen Beziehungen muß in entscheidendem Maße in der entwickelten sozialistischen Gesellschaft vom sozialistischen Staat durchgesetzt werden. Der sozialistische Staat als „das Hauptinstrument der von der Arbeiterklasse geführten Werktätigen bei der Gestaltung der entwickelten sozialistischen Gesellschaft auf dem Wege zum Kommunismus"[11] „leitet die planmäßige Entwicklung der Produktivkräfte der Gesellschaft, fördert den wissenschaftlich-technischen Fortschritt . . .".[12]

Das sozialistische Recht als Ausdruck der staatlichen Macht bei der Durchsetzung der objektiv erforderlichen Verhaltensweisen tritt durch ein immer komplexer auf die Leitung des wissenschaftlich-technischen Fortschritts gerichtetes System von Rechtsnormen hervor.[13]

Die zunehmende Bedeutung des Rechts bei der Gestaltung des wissenschaftlich-technischen Fortschritts durch den sozialistischen Staat kommt auch in der Entwicklung des sozialistischen Erfinderrechts zum Ausdruck. Mit dem Erfifinderrecht legt der sozialistische Staat grundlegende Verhaltensanforderungen für die Werktätigen und die verschiedenen Leitungsebenen fest[14], die objektiv erforderlich sind für die Gestaltung der gesellschaftlich notwendigen Beziehungen im Rahmen des Erfindungswesens. Mit dem Erfinderrecht erreicht der sozialistische Staat eine entscheidende Mobilisierung der Initiativen der Werktätigen und gewährleistet die politische Stabilität des Erfindungswesens. Das Erfinderrecht ist deshalb entscheidendes Instrument staatlicher Leitung des Erfindungswesens. In der Literatur wurde zu recht darauf hingewiesen[15], das Erfinderrecht in dieser Hinsicht nicht zu eng als ein Recht zu begreifen, das sich an die Leitungen wendet, sondern zu gewährleisten, daß das Erfinderrecht sich an die Gesamtheit der Werktätigen bei der Gestaltung der Beziehungen des Erfindungswesens wendet.

Die Rechtsentwicklung in den Mitgliedsländern des RGW zeigt, daß die rechtlichen Instrumentarien der Leitung des Erfindungswesens immer weiter ausgestaltet werden.[16] Bereits in dem von Lenin unterzeichneten Dekret über Erfindungen vom 30. 6. 1919 – der Geburtsurkunde des sozialistischen Erfinderrechts – wurde die für das bürgerliche Patentrecht typische Begrenzung auf den Rechtsschutz für Erfindungen überwunden und – wenn auch noch nicht weiter konkretisiert – erstmals Fragen der gesamtstaatlichen Leitung des Erfindungswesens durch den jungen Sowjetstaat rechtlich geregelt. Die historische Entwicklung hat gezeigt, daß mit der weiteren, differenzierteren Ausgestaltung der staatlichen Leitung des wissenschaftlich-technischen Fortschritts in den sozialistischen Ländern auch die rechtlichen Regelungen des Erfinderrechts breiter und differenzierter ausgestaltet wurden und werden.[17]

Sozialistisches Erfinderrecht umfaßt nicht lediglich die Anerkennung erfinderischer Lösungen und die subjektiven Rechte der Schutzrechtsinhaber betreffende Rechtsnormen – obwohl das ein sehr wichtiger Teilbereich des Erfinderrechts ist –, sondern immer mehr Normen, die in komplexer Weise auf die politisch-ideologischen und politisch-morali-

schen, ökonomischen, organisatorischen und informatorischen Beziehungen der planmäßigen Entfaltung des Erfindungswesens gerichtet sind. In der Rechtsentwicklung der einzelnen RGW-Länder zeigen sich hier einige Unterschiede. In der Gesetzgebung läßt sich erkennen, daß in einigen Ländern von der Anlage her mehr komplexe Gesetzgebungsvorhaben realisiert wurden, während in anderen Ländern die zur rechtlichen Leitung des Erfindungswesens zu zählenden Rechtsnormen mehr in einer Vielzahl von Gesetzgebungsakten in Erscheinung treten, insbesondere in andere Regelungen zur staatlichen Leitung des wissenschaftlich-technischen Fortschritts eingebettet sind.[18]
Es zeigt sich dabei eine interessante, noch genauer zu untersuchende Erscheinung. Zu den staatlichen Leitungserfordernissen, die auf die Erarbeitung erfinderischer Ergebnisse gerichtet sind (Aufgabenstellung, Planungsfragen, Einflußnahme auf den Prozeß der Bearbeitung technischer Aufgaben), enthalten die komplexen Gesetzgebungsvorhaben zum Erfindungswesen nur relativ allgemeine Rechtsnormen, während zu den Leitungserfordernissen, die mit dem Vorliegen einer Erfindung relevant werden (Organisierung des Rechtsschutzes, Organisierung der Nutzung, Anerkennung der Erfinder), relativ ausführliche Regelungen existieren. Zu den ersteren Leitungserfordernissen (auf den Erarbeitungsprozeß gerichtete) finden sich aber immer mehr Rechtsnormen in anderen Gesetzgebungsakten, die die Leitung von Wissenschaft und Technik komplex erfassen.[19] Das hängt mit großer Wahrscheinlichkeit damit zusammen, daß die Leitungserfordernisse bezüglich der Erarbeitung erfinderischer Ergebnisse weniger relativ selbständig sind.
In der Literatur gibt es eine Reihe von Darstellungen zu den Aufgaben und zum Gegenstand des sozialistischen Erfinderrechts.[20] Geht man von den oben dargestellten Anforderungen an die Entwicklung des Erfindungswesens und seine staatliche Leitung und davon aus, welche Rolle das Erfinderrecht dabei spielen muß, dann kann man als Aufgabenstellung des Erfinderrechts ansehen:

- die Durchsetzung von die Entfaltung des Erfindungswesens fördernden Bedingungen im Rahmen der Wirtschafts- und Technikpolitik des sozialistischen Staates und die Durchsetzung einer von den wirtschaftspolitischen Zielstellungen ausgehenden Orientierung auf erfinderische Ergebnisse und deren Nutzung im Rahmen der Vorbereitung und Durchführung von wissenschaftlich-technischen Vorhaben sowie das Treffen der dafür erforderlichen Entscheidungen in den dafür vorgesehenen Organisationsformen sowie die Mitwirkung der Werktätigen bei der Entwicklung und Durchsetzung von Maßnahmen zur Entfaltung des Erfindungswesens;
- die Interessierung der Werktätigen, der Betriebe und Einrichtungen am Erreichen und an der Nutzung erfinderischer Ergebnisse sowie die Einflußnahme auf die schnelle Mitteilung der Erfindungen durch die Erfinder gegenüber den zuständigen Organen;
- die Einwirkung auf eine schnelle Überleitung und umfassende Nutzung und Nachnutzung erfinderischer Ergebnisse sowie die Verwertung von Erfindungen in den Außenwirtschaftsbeziehungen;
- die Sicherung der erfinderischen Ergebnisse als wertvolle Objekte des sozialistischen Eigentums mit dem Ziel, die Erfindungen im Interesse des eigenen sozialistischen Staaten und der Bruderländer zur Mehrung des Reichtums des werktätigen Volkes auszunutzen und vor unbefugter Nutzung zu schützen.

Bei der Durchdringung dieser Aufgabenstellung muß heute davon ausgegangen werden, daß sich erfinderisches Schaffen und Nutzung von Erfindungen nicht in isolierten nationalen Reproduktionsprozessen vollzieht, sondern von der wirtschaftlichen und wissenschaftlich-technischen Zusammenarbeit der RGW-Mitgliedsländer geprägt ist. Immer mehr Erfindungen entstehen aus Vorhaben der wissenschaftlich-technischen Zusammenarbeit. Das sozialistische Erfinderrecht muß deshalb in Zukunft nicht nur seinem wesensmäßigen Gehalt nach diesen internationalistischen Aspekt aufweisen, sondern es muß bereits ganz konkrete Formen der Zusammenarbeit fördern.[21] Entsprechend der Breite der Aufgabenstellung des Erfinderrechts ergibt sich auch die Notwendigkeit, seinen Gegenstand breit zu fassen.

Die vom sozialistischen Erfinderrecht erfaßten gesellschaftlichen Verhältnisse, d. h. also der Gegenstand der rechtlichen Regelung, lassen sich abgrenzen als diejenigen rechtlich geregelten gesellschaftlichen Verhältnisse, die im Zusammenhang mit der staatlich geleiteten Entfaltung des Erfindungswesens, der Erarbeitung, Überleitung und Nutzung erfinderischer Ergebnisse sowie dem Rechtsschutz erfinderischer Ergebnisse entstehen.[22]

III. Die grundlegenden Prinzipien des sozialistischen Erfinderrechts

Das Charakteristische des sozialistischen Erfinderrechts – wie auch jedes anderen Gebietes oder Zweiges des sozialistischen Rechts – läßt sich durch die grundlegenden Prinzipien des betreffenden Rechtsgebietes, hier des sozialistischen Erfinderrechts, verdeutlichen. Von der sowjetischen Rechtswissenschaft wurden grundlegende Prinzipien des sozialistischen Rechts herausgearbeitet. (Die Macht der Arbeiterklasse im Bündnis mit allen Werktätigen, die führende Rolle der Partei der Arbeiterklasse, das sozialistische Eigentum an den Produktionsmitteln und das sozialistische Wirtschaftssystem, die sozialistische Demokratie, der proletarische Internationalismus, Übereinstimmung der persönlichen und gesellschaftlichen Interessen, sozialistische Gesetzlichkeit, sozialistischer Humanismus).[23] Gleichzeitig wurde hervorgehoben, daß man diese Prinzipien einteilen kann in solche, die

a) alle Rechtszweige betreffen, b) nur in einigen Rechtszweigen auftreten, c) die nur für einen Rechtszweig charakteristisch sind.[24]

Die oben in der Klammer genannten Prinzipien gehören zur ersten Gruppe. Wenn wir uns im folgenden, darauf aufbauend, nur mit den für das Erfinderrecht spezifischen Prinzipien befassen, so können wir davon ausgehen, daß die Entwicklung des Erfinderrechts in den sozialistischen Ländern die allgemeine Erkenntnis bestätigt, daß sich grundlegende übereinstimmende Prinzipien des sozialistischen Rechts in den einzelnen Ländern in verschiedener Form ausprägen, worin sich die konkret-historischen Besonderheiten der Entwicklung jedes Landes, seine nationale Spezifik usw. widerspiegeln.[25]

Die der konkreten Regelung des Erfinderrechts in den sozialistischen Ländern zugrunde liegenden grundlegenden Prinzipien des sozialistischen Erfinderrechts sind durch die einheitliche Aufgabenstellung, die das Erfindungswesen und das Erfinderrecht unter den gleichartigen gesellschaftlichen Verhältnissen in den sozialistischen Ländern haben, einheitlich bzw. erlangen eine immer größere Übereinstimmung.[26]

Bei der Darstellung der grundlegenden Prinzipien des sozialistischen Erfinderrechts ist es entscheidend, daß die zur Erfüllung der Aufgabenstellung des Erfinderrechts wichtigsten aus dem System der rechtlichen Regelung abgehoben werden. Man kann dabei nicht alle Aspekte erfassen. Ein solches Bemühen würde überhaupt die Kategorie „grundlegende Prinzipien der rechtlichen Regelung“ überflüssig machen.

Als grundlegende Prinzipien der rechtlichen Regelung im sozialistischen Erfinderrecht kann man ansehen:

1. Die planmäßige Entfaltung des erfinderischen Schöpfertums durch die staatliche Leitung des Erfindungswesens im Rahmen der staatlichen Leitung des wissenschaftlich-technischen Fortschritts,
2. die gesellschaftliche Aneignung und planmäßige Nutzung von Erfindungen im Maßstab der gesamten Volkswirtschaft,
3. die Förderung der Zusammenarbeit der sozialistischen Länder auf dem Gebiet des Erfindungswesens,
4. die Gewährleistung der Rechte der Erfinder auf moralische und materielle Anerkennung und Mitwirkung,
5. die Gewährleistung eines Rechtsschutzes für Erfindungsanmeldungen aus dem In- und Ausland und die Gewährleistung der internationalen Beziehungen im Hinblick auf den Rechtsschutz für Erfindungen[27],
6. die Abgrenzung der als erfinderisch anzusehenden technischen Lösungen durch die Aufnahme einer Legaldefinition des Erfindungsbegriffs in die gesetzliche Regelung.

Indem diese grundlegenden Prinzipien die tragenden Säulen des sozialistischen Erfinderrechts sind, zeigen sie auch die verschiedenen Schwerpunkte, nach denen sich das sozialistische Erfinderrecht entwickelt. Gleichzeitig lassen sie die Komplexität dieses Rechtsgebietes als staatliches Instrument der Entfaltung und Leitung des Erfindungswesens deutlich hervortreten. Wie bereits früher dargelegt wurde[28], werden bei der Neukodifizierung des Erfinderrechts der DDR vor allem weitergehende Regelungen zur Ausgestaltung der oben unter den Ziff. 1, 2, 3 und 6 genannten Prinzipien notwendig sein.

IV. Rechtsschutz für Erfindungen im sozialistischen Erfinderrecht

Einer besonderen Erörterung bedürfen die Regelungen über den Rechtsschutz für Erfindungen oder – wie oft formuliert wird – die schutzrechtlichen Regelungen im Erfinderrecht. Dafür gibt es mindestens zwei Gründe. Erstens ist der Wirkungsmechanismus dieser Regelungen im Hinblick auf die staatliche Leitung des Erfindungswesens noch nicht ausreichend untersucht und zweitens wird sozialistisches Erfinderrecht (manchmal dann auch als sozialistisches Patentrecht bezeichnet) gelegentlich überhaupt auf die Regelungen zum Rechtsschutz für Erfindungen reduziert.

Zum Komplex der rechtlichen Regelungen über den Rechtsschutz von Erfindungen im sozialistischen Erfinderrecht gehören: die Regelungen über die Schutzvoraussetzungen, die Regelungen über die staatliche Prüfung der Schutzvoraussetzungen, die Regelungen über die Erteilung von Schutzrechten und die damit verbundene Entscheidung über den Eigentumscharakter der betreffenden Erfindung sowie die Regelungen über die Konstituierung von Rechten und Pflichten für die nach dem Gesetz vorgesehenen Berechtigten und Verpflichteten in bezug auf eine Erfindung bzw. erfinderische Leistung. Die weitere Entwicklung des Erfinderrechts erfordert eine tiefere Durchdringung der Wirkung der Regelungen über den Rechtsschutz von Erfindungen, um genauer bestimmen zu können, inwieweit die höheren Aufgaben des Erfinderrechts bei der Entwicklung des Erfindungswesens auch durch eine weitere Ausgestaltung der Regelungen zum Rechtsschutz für Erfindungen erreicht werden müssen.

Untersucht man den Gehalt der Erteilung eines Schutzrechts auf eine aus dem staatlich geleiteten Erfindungswesen hervorgegangene Erfindung, so wird mit der Erteilung eines solchen Schutzrechts zunächst anerkannt, daß bei der planmäßigen Bearbeitung eines wissenschaftlich-technischen Vorhabens in der sozialistischen Praxis eine technische Lösung erreicht wurde, die den gesetzlich festgelegten Mindestanforderungen eines erfinderischen Ergebnisses entspricht. Es findet also eine staatliche Feststellung dazu statt, ob die in einer besonderen Anmeldung niedergelegte technische Lösung überhaupt Erfindungsqualität aufweist.

Damit das Erreichen erfinderischer Ergebnisse bei der Vorbereitung und Bearbeitung wissenschaftlich-technischer Vorhaben in die erforderliche Richtung geht, den Erfordernissen der sozialistischen Produktion entspricht, sind – wie dargestellt wurde – zunächst allgemeine, dann aber zu dem jeweiligen Vorhaben auch ganz bestimmte Leitungsmaßnahmen des Erfindungswesens erforderlich. Mit ihnen wird also zeitlich weit vor der Schutzrechtsanmeldung und -erteilung auf *bestimmte* erfinderische Zielstellung orientiert, die aus der wirtschaftspolitischen Zielstellung des Vorhabens hergeleitet werden müssen. Das Erreichen dieser Zielstellung wird im Zusammenhang mit der Bewertung des Arbeitsergebnisses zu einem wissenschaftlich-technischen Vorhaben (einem technischen Objekt) bewertet (z. B. bei der Abschlußverteidigung zu einem K- oder V-Thema). Dort wird auch bewertet, ob der im konkreten Falle angestrebte Neuheitsgrad auch tatsächlich nach Umfang und Niveau erreicht wurde.

Der Entscheidung über die Anerkennung einer erfinderischen Leistung bei der Erteilung eines Schutzrechts wird dagegen die einzelne Erfindung, die in einem bestimmten Maße von dem jeweiligen technischen Objekt abgehoben ist, zugeführt. Damit nimmt das zuständige staatliche Organ, das Amt für Erfindungswesen, mit der Schutzrechtserteilung Einfluß darauf, daß als erfinderische Leistungen nur solche gewertet werden, die tatsächlich den gesetzlich festgelegten Mindestanforderungen entsprechen. Es liefert damit wichtige Informationen über das erreichte schöpferische Niveau bei der Lösung wissenschaftlich-technischer Aufgaben. Die Erfinder erhalten die staatliche Bestätigung über das erfinderische Niveau der schöpferischen Leistung. Das wird vor allem durch die Prüfung der erfinderischen Neuheit erreicht.[29] Für die Entwicklung des Erfinderrechts ist es deshalb von grundlegender Bedeutung, daß von den gesetzlich zu regelnden Schutzvoraussetzungen und ihrer staatlichen Prüfung die erforderliche Orientierung auf hohe wissenschaftlich-technische Leistungen ausgeht.

Die Schutzrechtserteilung durch das zentrale staatliche Organ für Erfindungswesen ermöglicht es nun auch, zu einzelnen Erfindungen, die diesem Organ mit der Erfindungsanmeldung vorgelegt wurden, staatliche Maßnahmen zu deren Nutzung einzuleiten.

In der Konzeption des Rechtsschutzes für Erfindungen ist die Regelung über die Priorität der Erfindungsanmeldung von grundlegender Bedeutung. Die Regelung, daß nur der erste Anmelder einen Anspruch auf Erteilung eines Schutzrechts hat, bewirkt, daß nicht nur auf die Erarbeitung erfinderischer Lösungen, sondern auch auf deren schnelle Mitteilung gegenüber den zuständigen Stellen Einfluß genommen wird.[30] Damit kommt es zu einer Regelung, die das Leistungsprinzip in spezifischer Weise im Interesse der Beschleunigung des wissenschaftlich-technischen Fortschritts ausgestaltet.

Die Erteilung eines Schutzrechts im sozialistischen Erfinderrecht stellt also zunächst eine Entscheidung darüber dar, daß es sich bei der angemeldeten Erfindung um eine solche handelt, die den gesetzlichen Anforderungen entspricht und die hinsichtlich der Reihenfolge der Anmeldungen den Vorrang genießt.

Die Erteilung des Schutzrechts ist aber darüber hinaus eine staatliche Festlegung zum Eigentumscharakter der Erfindung.[31] Mit der Erteilung eines Schutzrechts vom Typ des Urheberscheins (d. h. auch des Wirtschaftspatents) wird der Volkseigentumscharakter der betreffenden Erfindung festgestellt. Für den größten Teil der erteilten Schutzrechte vom Typ des Urheberscheins, nämlich für alle Erfindungen, die aus dem sozialistischen Arbeitsprozeß hervorgegangen sind, ist das die Bestätigung des Volkseigentumscharakters der als Volkseigentum entstandenen Erfindungen.

Bei den mit der Schutzrechtserteilung verbundenen Feststellungen der gesetzlichen Anforderungen an die Erfindungsqualität, der Anmeldepriorität, des Volkseigentumscharakters handelt es sich um die Feststellung des Vorliegens solcher gesellschaftlichen Beziehungen in bezug auf die betreffende Erfindung, die es ermöglichen, im einzelnen subjektive Rechte und Pflichten zu konstituieren, wie sie mit der Erteilung eines Schutzrechts vom Typ des Urheberscheins verbunden werden:

- Rechte der Erfinder auf moralische und materielle Anerkennung ihrer Leistungen und bestimmte Rechte und Pflichten im Hinblick auf die Mitwirkung bei der gesellschaftlichen Ausnutzung der Erfindungen,
- Rechte und Pflichten der staatlichen und wirtschaftsleitenden Organe, der Betriebe und Einrichtungen im Hinblick auf die Anerkennung der Erfinder und der umfassenden gesellschaftlichen Ausnutzung der Erfindungen (was den Rechtsschutz im Ausland einschließt).

Für die Entwicklung des Erfindungswesens ist die Schaffung von rechtlichen Regelungen, die eine umfassende Nutzung der Erfindungen gewährleisten helfen, von besonderem Gewicht. Mit der Erteilung eines Schutzrechts vom Typ des Urheberscheins bieten sich günstige Ansatzmöglichkeiten für die Organisierung der Nutzung, insbesondere der Nachnutzung von Erfindungen. Es wäre jedoch eine Überbewertung, wollte man davon ausgehen, daß der Weg zur Nutzung einer Erfindung in der sozialistischen Volkswirtschaft immer über die Etappen Erarbeitung der Erfindung, Anmeldung und Erteilung eines Schutzrechts, Überleitung und Nutzung geht. Wir knüpfen hier an die Grundposition über die Einheit von Erarbeitungs- und Nutzungsprozeß und seiner Leitung an. Das heißt aber, daß in den Betrieben und Einrichtungen, in denen Erfindungen entstehen, die Überleitung und Nutzung dieser Erfindungen regelmäßig nicht erst nach der staatlichen Entscheidung über die Erteilung eines Schutzrechts angepackt wird. Ziel ist es vielmehr, sofort nach dem Vorliegen der Erfindung parallel zur Schutzrechtsanmeldung die Überleitung und Nutzung zu organisieren, was im Rahmen der Vorhaben des Planes Wissenschaft und Technik erfolgt. Die Entscheidung über die Nutzung erfolgt also in den Betrieben und Einrichtungen nicht in unmittelbarer Abhängigkeit von der Entscheidung des Organs, welches das Schutzrecht erteilt. Deshalb sind zur staatlichen Leitung der umfassenden Nutzung von Erfindungen durch das Erfinderrecht weitergehende Regelungen erforderlich. Hier ist vor allem an Regelungen im Hinblick auf schnelle Entscheidungen im einheitlichen Prozeß der Erarbeitung und Nutzung zu denken, die es gewährleisten, daß über vorliegende Erfindungen ohne Zeitverlust entschieden wird. Für die Erfindungen, die nicht im Zusammenhang mit Vorhaben des Planes Wissenschaft und Technik genutzt werden, bei deren Bearbeitung sie entstanden sind, werden mit der Schutzrechtserteilung jedoch günstige Möglichkeiten für die staatliche Organisierung der Nutzung geschaffen. Um diese Möglichkeiten voll zu nutzen, bedarf es gerade in bezug auf diese Erfindungen der Regelung spezifischer Pflichten der staatlichen und wirtschaftsleitenden Organe.[32] Die Erteilung von Schutzrechten vom Typ des Urheberscheins nimmt in der Konzeption der staatlich-rechtlichen Leitung des sozialistischen Erfindungswesens also einen wichtigen Platz ein. Dieser Teil der erfinderrechtlichen Regelung ist aber nur in der Gesamtheit der rechtlichen Mittel der Leitung des planmäßigen Erfidungswesens

wirksam. Die planmäßige Entwicklung der erfinderischen schöpferischen Tätigkeit erfordert die gründliche Vorbereitung, verantwortungsbewußte Entscheidung und effektiv organisierte Durchführung von wissenschaftlich-technischen Vorhaben unter ständiger Beachtung der für das Erreichen eines erfinderischen Niveaus entscheidenden Faktoren (Zielstellung, Entscheidungen, Bedingungen, Ressourcen etc.).
Bei der Bestimmung der Stellung der Regelungen über den Rechtsschutz von Erfindungen im sozialistischen Erfinderrecht müssen noch zwei weitere Aspekte beachtet werden. Sie haben auf die Ausgestaltung der Regelungen über den Rechtsschutz im Erfinderrecht insgesamt einen nicht zu übersehenden Einfluß.
Erstens ergibt sich die Notwendigkeit und Möglichkeit, an solchen Erfindungen, die nicht bereits als Volkseigentum entstanden sind, mit der Erteilung eines Schutzrechts vom Typ des Urheberscheins Volkseigentum entstehen zu lassen. Nämlich dann, wenn der Schutzrechtsanmelder einen dahingehenden Antrag stellt. In der Literatur der DDR wurde hier manchmal von einem sogenannten freiwilligen Wirtschaftspatent gesprochen. Es geht also einmal um solche Erfindungen, die im Inland nicht im sozialistischen Arbeitsprozeß entstanden sind, also nach dem geltenden Recht nicht unter § 2 Abs. 6 Pat'G fallen. Zum anderen geht es um Schutzrechtsanmeldungen für Erfindungen aus dem Ausland, für die die Anmelder die Erteilung eines Schutzrechts vom Typ des Urheberscheins beantragen. Mit der Schutzrechtserteilung entsteht in diesen Fällen auf Antrag des Anmelders staatliches Eigentum an der Erfindung und es entstehen die o. a. Rechte und Pflichten. Damit können auch diese Erfindungen nach der Erteilung des Schutzrechts in den Prozeß der planmäßigen Nutzung im Rahmen des staatlich geleiteten Erfindungswesens einbezogen werden. Für die Einbeziehung dieser Erfindungen in den planmäßigen volkswirtschaftlichen Prozeß bedarf es einer entsprechenden staatlichen Entscheidung. Mit der Ausgestaltung dieser Entscheidung im Rahmen der Erteilung von Schutzrechten des Typs des Urheberscheins erfolgt diese Entscheidung gleichzeitig aber unter einer qualitativen Voraussetzung, dem Vorliegen der Schutzvoraussetzungen. Für die Anerkennung der Erfinder und für die gesellschaftliche Ausnutzung dieser Erfindungen erwachsen den zuständigen staatlichen und wirtschaftsleitenden Organen und Betrieben und Einrichtungen besondere Verantwortungen.
Zweitens ist zu beachten, daß im sozialistischen Erfinderrecht neben dem Rechtsschutz mit dem Schutzrecht vom Typ des Urheberscheins ein Rechtsschutz für Erfindungen mit dem Schutzrecht vom Typ des Patents existiert. Es handelt sich dabei um eine Schutzrechtsregelung, die konzeptionell nicht Bestandteil der planmäßigen staatlichen Leitung des sozialistischen Erfindungswesens ist. Mit der Erteilung eines Schutzrechts für Erfindungen vom Typ des Patens (Ausschließungspatent) wird das Vorliegen der gesetzlichen Mindestanforderungen an eine Erfindung, die Priorität der Anmeldung der betreffenden Erfindung und der Privateigentumscharakter der Erfindung festgestellt, und dem Schutzrechtsinhaber werden ausschließliche Nutzungsrechte an der Erfindung staatlich zugesichert.
Für die Erteilung von Schutzrechten vom Typ des Patents besteht – wie die Praxis in der DDR und in anderen sozialistischen Ländern zeigt – für im Inland entstandene Erfindungen kein nennenswertes Bedürfnis. Auch für Erfindungen, die in der DDR nicht unter § 2 Abs. 6 PatG fallen, werden fast durchweg Wirtschaftspatente beantragt, weil mit diesem Schutzrecht auch den Interessen der Urheber solcher Erfindungen am besten entsprochen wird. Auch bei der gegenseitigen Anmeldung von Schutzrechten für Erfindungen der RGW-Staaten steht das Schutzrecht vom Typ des Urheberscheins im Vorder-

grund, weil damit die planmäßige ökonomische und wissenschaftlich-technische Zusammenarbeit unterstützt wird.[33]
Die Möglichkeit der Erteilung von Schutzrechten vom Typ des Patents für Erfindungen ist vor allem ein Beitrag der sozialistischen Staaten zur Förderung der ökonomischen Beziehungen zwischen Staaten unterschiedlicher Gesellschaftsordnung. In Verwirklichung der Prinzipien der friedlichen Koexistenz und der Förderung der wirtschaftlichen und wissenschaftlich-technischen Beziehungen zwischen Staaten unterschiedlicher Gesellschaftsordnung haben die sozialistischen Staaten es von jeher ermöglicht, daß Anmeldern aus den kapitalistischen Staaten Schutzrechte für Erfindungen erteilt wurden, die dem Inhaber des Schutzrechts ausschließliche Nutzungsrechte zuerkennen.
Die Regelungen über den Rechtsschutz im sozialistischen Erfinderrecht können deshalb auch nicht isoliert nur von den Erfordernissen und dem möglichen Wirkungsmechanismus der schutzrechtlichen Regelungen vom Typ des Urheberscheins aus betrachtet oder ausgestaltet werden. Vor allem ist zu beachten, daß die Ausgestaltung der schutzrechtlichen Regelungen so erfolgt, daß damit die internationale Zusammenarbeit im Hinblick auf den Rechtsschutz für Erfindungen gefördert wird. Das schließt die Interessen der sozialistischen Staaten an einem Rechtsschutz für Erfindungen in kapitalistischen Staaten nach den dort geltenden Rechtsordnungen ein.
Die Regelungen über den Rechtsschutz von Erfindungen müssen deshalb so erfolgen, daß die internationale Zusammenarbeit im Hinblick auf den Rechtsschutz von Erfindungen gefördert wird und daß gleichzeitig die innerstaatliche Konzeption der staatlichen Leitung des Erfindungswesens unterstützt wird, indem die Regelung über den Rechtsschutz von Erfindungen für die staatliche Leitung des Erfindungswesens so weit wie möglich ausgenutzt bzw. mit ihr verbunden wird. Diesen Anforderungen werden die in den meisten sozialistischen Ländern nebeneinander bestehenden Regelungen über die Erteilung von Schutzrechten vom Typ des Urheberscheins und vom Typ des Patents im sozialistischen Erfinderrecht gerecht. Obwohl die Erteilung eines Schutzrechts vom Typ des Urheberscheins im Rahmen des sozialistischen Erfinderrechts entsprechend der Einordnung dieses Schutzrechts in das System der staatlich-rechtlichen Leitung des Erfindungswesens eine ganz andere Funktion erfüllt als die Erteilung eines Schutzrechts vom Typ Patent, ergibt sich die Möglichkeit der formalen Gleichbehandlung der beiden Typen von Schutzrechten im Hinblick auf die gesetzlichen Anforderungen an die Erfindung und die Anmeldepriorität. Durch diese Ausgestaltung der Regelungen über den Rechtsschutz von Erfindungen im sozialistischen Erfinderrecht ist somit auch die Möglichkeit gegeben, ein formal einheitliches Verfahren der Prüfung und Erteilung für beide Typen von Schutzrechten zu realisieren. Es können auch die gesetzlichen Schutzvoraussetzungen des sozialistischen Erfinderrechts sowohl für Anmeldungen vom Typ des Urheberscheins als auch vom Typ des Patents einheitlich bei der Schutzrechtserteilung angewendet werden.[34]
Diese Ausgestaltung des Rechtsschutzes für Erfindungen macht ein grundlegendes Prinzip des sozialistischen Erfinderrechts sichtbar (vgl. Abschnitt III): die Verbindung der nationalen Regelung mit den Erfordernissen der internationalen Zusammenarbeit auf dem Gebiet des Rechtsschutzes für Erfindungen. Von entscheidender Bedeutung ist, daß im Interesse dieser Zusammenarbeit die nationale Regelung über die Priorität von Schutzrechtsanmeldung für Erfindungen mit bestimmten internationalen Regelungen (PVÜ, PCT). über die Priorität von Schutzrechtsanmeldungen für Erfindungen unabhängig vom Typ des Schutzrechts verbunden werden kann.
Man kann deshalb feststellen, daß der Regelungskomplex zum Rechtsschutz für Erfin-

dungen im Rahmen des sozialistischen Erfinderrechts einen besonderen Platz einnimmt. Auf seine weitere Ausgestaltung muß wegen der Kompliziertheit, die sich aus dem Nebeneinanderbestehen von zwei Schutzrechtsarten ergibt, besondere Sorgfalt verwendet werden. Die staatliche Leitung des Erfindungswesens erfordert weit mehr rechtliche Regelungen als die über den Rechtsschutz von Erfindungen. Es kommt aber darauf an, die nicht lediglich an der innerstaatlichen Leitung des Erfindungswesens orientierte Konzeption der Regelung des Rechtsschutzes als Instrument der staatlichen Leitung des Erfindungswesens weiter auszugestalten und auszunutzen.

Anmerkungen

1 Programm der Sozialistischen Einheitspartei Deutschlands. Dietz Verlag Berlin 1976, S. 27.

2 W. I. Lenin, Werke, Bd. 26, S. 407.

3 Winkelbauer faßt unter „... Erfindungswesen ... die rechtlichen, ökonomischen, organisatorischen, strukturellen und informatorischen Mittel und Methoden ..., die bei der Leitung erfinderischer Schöpfungs- und Nutzungsprozesse einzusetzen sind“ zusammen.
(E. Winkelbauer, „Die Aufgaben des Erfindungswesens bei der staatlich-rechtlichen Leitung des wissenschaftlich-technischen Fortschritts“, Wissenschaftliche Zeitschrift der Humboldt-Universität zu Berlin, Gesell. Reihe, 1975, H. 4, S. 397.)
Es erscheint jedoch notwendig, eindeutiger zwischen dem Erfindungswesen als Teil des gesellschaftlichen Arbeitsprozesses und der Leitung des Erfindungswesens zu unterscheiden.

4 Vgl. dazu G. A. Matwejew, E. Winkelbauer, „Neue Aufgaben des sowjetischen Erfindungswesens in Auswertung gdes XXIV. Parteitages der KPdSU“, der neuerer (B) 1971, S. 154 ff.;
E. Winkelbauer, „Die Leitung und Planung des wissenschaftlich-technischen Fortschritts unter den Bedingungen der sozialistischen ökonomischen Integration und die rechtliche Regelung der Erarbeitung, Sicherung und Nutzung erfinderischer Leistungen“ in: Fragen der weiteren Entwicklung des wissenschaftlich-technischen Rechtsschutzes unter den Bedingungen der sozialistischen Wirtschaftsintegration, Aktuelle Beiträge der Staats- und Rechtswissenschaft, Potsdam-Babelsberg, 1973, Heft 106, S. 9 ff.;
A. J. Dorkin, Leitung und Planung des wissenschaftlich-technischen Fortschritts unter den Bedingungen der sozialistischen ökonomischen Integration und die rechtliche Regelung der Fragen der Erarbeitung, Sicherung und Nutzung von Erfindungen, ebenda, S. 29 ff.

5 Autorenkollektiv, Lehrbuch Politische Ökonomie des Sozialismus, Berlin 1972, Verlag Die Wirtschaft, S. 117.

6 Diese Forderung begründen sehr ausführlich: E. J. Artemev, L. G. Kravec, Izobretenija – novaja technika – upravlenie, Verlag „Ekonomika“, Moskau 1974.

7 Siehe dazu H.-D. Haustein, Die Proportionalität der technischen Basis im Sozialismus, Akademie-Verlag, Berlin 1975.

8 Vgl. dazu z. B. Autorenkollektiv, Upravlenie sozialisticeskym proizvodstvom, Verlag „Ekonomika“, Moskau 1974;
A. E. Lunev, Teoreticeskie problemy gosudarstveneve upravlenia, Verlag „Nauka“, Moskau 1974;
G. Dobrov in: Autorenkollektiv, Forschung und Entwicklung im RGW, Verlag Die Wirtschaft, Berlin 1974, S. 90 ff.

9 E. Winkelbauer, „Die staatliche Leitung und Planung wissenschaftlich-technischen Schöpfertums im Sozialismus und das Erfindungswesen“, der neuerer (B), 1972, S. 163 ff.

10 Anforderungen an solche Informationsbeziehungen wurden von Winkelbauer dargestellt; E. Winkelbauer, a. a. O.

11 Programm der SED – Entwurf –, ND vom 14. 1. 1976, Abschnitt II/C.

12 Ebenda.

13 Hier sei für die DDR nur an folgende Rechtsvorschriften verwiesen:
AO über die Ordnung der Planung der Volkswirtschaft der DDR 1976 bis 1980 vom 20. 11. 1974, GBl. Sonderdruck Nr. 775a (insbesondere Abschnitt 3).
AO über die Nomenklatur der Arbeitsstufen und Leistungen des Planes Wissenschaft und Technik vom 28. 5. 1975 (GBl. I, S. 426).
AO über die Durchführung von Verteidigungen wissenschaftlich-technischer Aufgaben und Ergebnisse vom 23. 5. 1973 (GBl. I, S. 289).

3. DVO zum Vertragsgesetz vom 13. 12. 1973 (GBl. I, 1974, S. 37).
VO über die Arbeit mit Schutzrechten vom 11. 2. 1974, GBl. I, S. 138.

14 Vgl. dazu auch E. Winkelbauer, „Die Aufgaben des Erfindungswesens bei der staatlich-rechtlichen Leitung des wissenschaftlich-technischen Fortschritts", Wiss. Zeitschrift der Humboldt-Universität zu Berlin, Gesellschafts- und Sprachwissenschaftliche Reihe, 1975, H. 4, S. 398.

15 H. Pododda, „Der gesellschaftliche Gegenstand des wissenschaftlich-technischen Rechtsschutzes", Staat und Recht 1974, S. 949 ff.

16 Hier sei vor allem auf die Neukodifizierung des Erfinderrechts in der UdSSR und der CSSR verwiesen.
VO über Entdeckungen, Erfindungen und Rationalisierungsvorschläge der UdSSR vom 21. 8. 1973;
Gesetz über Entdeckungen, Erfindungen und Verbesserungsvorschläge der CSSR vom 1. 11. 1972.

17 Dabei zeigt sich auch, daß erfinderrechtliche Nbrmen nicht nur in den spezifischen Normativakten des Erfindungswesens auftreten, sondern auch in anderen, allgemeinen Normativakten der staatlichen Leitung des wissenschaftlich-technischen Fortschritts; z. B. in der DDR in der „AO über die Nomenklatur der Leistungen und Arbeitsstufen des Planes Wissenschaft und Technik vom 28. 5. 1975 (GBl. I, S. 426);
z. B. in der UdSSR in der Ordnung zur Bewertung der wissenschaftlich-technischen Tätigkeit von Forschungs-, Projektierungs-, Konstruktions- und Technologieentwicklungseinrichtungen vom 22. 8. 1974.

18 Vgl. Anmerkung 9.

19 In der DDR z. B.: AO über die Nomenklatur der Arbeitsstufen und Leistungen des Planes Wissenschaft und Technik vom 28. 5. 1975 (GBl. I, S. 426), insbesondere § 4.

20 Es sei dabei z. B. auf folgende hingewiesen:
Autorenkollektiv, Erfinder- und Neuererrecht der DDR, Berlin 1968, B. I, S. 119;
W. Nowotka, „Gegenstand und wirtschaftsrechtlicher Charakter des sozialistischen Erfinderrechts der DDR", Staat und Recht, 1967, S. 1928;
H. Pogodda, „Der gesellschaftliche Gegenstand des wissenschaftlich-technischen Rechtsschutzes", Staat und Recht, 1974, S. 962;
O. S. Joffe, Sovjetskoe grazdanskoe pravo, Leningrad, 1965, Bd. 3, S. 87.
Ja. A. Kunik, Sovjetskoe grazdanskoe pravo, Moskau, 1974, S. 417.
Es ist hier nicht möglich, die angeführten Gegenstandsbestimmungen im einzelnen zu analysieren. Besonders beachtet werden muß, daß vor allem die sowjetischen Autoren, die das Erfinderrecht als Bestandteil des Zivilrechts behandeln, von einem einheitlichen Gegenstand des Neuerer- und Erfinderrechts ausgehen. Man kann aber eine allgemeine Tendenz erkennen, zwischen Erfinder- und Neuererrecht zu unterscheiden, um insbesondere die für beide Gebiete unterschiedlichen Leitungsaufgaben besser erfassen zu können.

21 Aus den im RGW geschlossenen ersten Abkommen auf dem Gebiet des Erfindungswesens und den Abkommen zu konkreten Kooperationsvorhaben ergeben sich Verpflichtungen, denen mit der nationalen Regelung des Erfinderrechts entsprochen werden muß.

22 Ähnlich breit wurde der Gegenstand des sozialistischen Erfinderrechts auch bereits im Lehrbuch Erfinder- und Neuererrecht der DDR, Berlin 1968, B. I, S. 119, und von W. Nowotka, „Gegenstand und wirtschaftsrechtlicher Charakter des sozialistischen Erfinderrechts in der DDR", Staat und Recht 1967, H. 12, S. 1953, bestimmt. Die Gegenstandsbestimmung, die H. Pogodda für den wissenschaftlich-technischen Rechtsschutz – als dessen Teil das sozialistische Erfinderrecht anzusehen ist – (vgl. Staat und Recht, 1974, H. 6, S. 962) gibt, gliedert die gesellschaftlichen Verhältnisse, auf die sich die rechtlichen Regelungen beziehen, weiter auf und nimmt auch die Zielstellung in die Gegenstandsbestimmung auf. Ferner stellt er auch Überlegungen zur Methode der rechtlichen Regelung, die er in der Anwendung des Rechtsinstituts der Prioritätsanerkennung sieht, an.

23 Autorenkollektiv, Obscaja teoria gosudarstva i prava, Leningrad 1974, Bd. II, S. 99–103.

24 A. a. O., S. 100.

25 A. a. O., S. 99.

26 Hier begegnen wir häufig der fehlerhaften Betrachtung, daß die zum Teil vorhandenen Unterschiede in den Regelungen über den Rechtsschutz von Erfindungen mit den Unterschieden der rechtlichen Regelung zum Erfindungswesen gleichgesetzt werden. Sozialistisches Erfinderrecht ist aber nicht mit dem Rechtsschutz für Erfindungen identisch.

27 Auf das Prinzip der Gewährleistung der internationalen Beziehungen im Hinblick auf den Rechtsschutz für Erfindungen hat Ja. A. Kunik besonders hingewiesen;
Ja. A. Kunik, Sovetskoe grazdanskoe pravo, Moskau 1974, S. 417.

28 R. Kastler, „Anforderungen an die Weiterentwicklung des Erfinderrechts", der neuerer (B), 1972, S. 119 ff.;
R. Kastler, „Erfindungsrecht und umfassende Nutzung von Erfindungen", der neuerer (B), 1973, S. 152 ff.;
R. Kastler, „Erfinderrecht und planmäßige Erarbeitung von Erfindungen", der neuerer (B), 1974, S. 118 ff.

29 Man muß allerdings beachten, daß diese Wirkung der Schutzrechtserteilung nach der Regelung in der DDR nur eingeschränkt gegeben ist, weil bei weitem nicht alle Erfindungsvorschläge in dieser Weise geprüft werden, sondern in der Regel nur die zur Benutzung kommenden.

30 Die Regelung der Prioritätsanerkennung wurde ausführlich von Pogodda untersucht. Vergleiche für das Erfinderrecht insbesondere:
H. Pogodda, Schöpferische Arbeit zur Durchsetzung des wissenschaftlich-technischen Fortschritts und das gesellschaftliche Wirksammachen ihrer Ergebnisse als Gegenstand des wissenschaftlich-technischen Rechtschutzes, Dissertation B, Berlin 1973, insbesondere S. 86 ff. und 215 ff.

31 Diesem Aspekt der Schutzrechtserteilung wurde im Lehrbuch Erfinder- und Neuererrecht der DDR, Berlin 1968, B. 1, S. 206, zu wenig Aufmerksamkeit geschenkt.

32 Zu den unterschiedlichen Möglichkeiten der leitungsmäßigen Einflußnahme auf die Organisierung der Nutzung von Erfindungen vgl. R. Kastler, „Erfinderrecht und umfassende Nutzung von Erfindungen", der neuerer (B), 1973, S. 152 ff.

33 Dazu gibt das „Abkommen über den Rechtsschutz von Erfindungen, Geschmacksmustern und Warenzeichen bei der wirtschaftlichen und wissenschaftlich-technischen Zusammenarbeit" vom 12. 4. 1973 in Artikel 5 eine eindeutige Orientierung.

34 Davon ist selbstverständlich in keiner Weise berührt, daß jeder Staat die Erteilung von Schutzrechten eines bestimmten Typs für bestimmte Arten von Erfindungen gesetzlich ausschließen kann, wie es auch seiner Souveränität unterliegt, bestimmte Arten von Erfindungen überhaupt vom Rechtsschutz auszunehmen.

Wolfgang Polak

Gemeinsame Erfindungen bei der wissenschaftlich-technischen Zusammenarbeit im RGW – Probleme der Vergütung der Erfinder

1. Gemeinsame Erfindungen – das sind Resultate der Sozialistischen Ökonomischen Integration (SÖI), die den gegenwärtigen und zukünftigen Anforderungen dieses Prozesses in hohem Maße gerecht werden können. Durch das 1971 angenommene „Komplexprogramm für die weitere Vertiefung und Vervollkommnung der Zusammenarbeit und Entwicklung der SÖI der Mitgliedsländer des RGW" wurde eine neue Etappe der Zusammenarbeit der sozialistischen Staaten eingeleitet. So stellt in diesem Zusammenhang der Sekretär des RGW, Faddejew, fest: „Die SÖI ist Ausdruck eines objektiven Erfordernisses der Entwicklung des Weltsozialismus. Man muß hier betonen, daß sich Elemente der SÖI zwar eine relativ lange Periode hindurch angesammelt haben, der organisierte und bewußt gelenkte Prozeß der SÖI aber erst in jüngster Zeit begonnen hat – seit der Ausarbeitung und Annahme des Komplexprogramms. Der Haupteffekt steht noch bevor."[1] Das Komplexprogramm ist ein wesentlicher Schritt zur Erreichung einer der Hauptaufgaben gemeinsamer Wirtschaftstätigkeit der sozialistischen Länder, die in der allmählichen Angleichung des ökonomischen Entwicklungsniveaus der einzelnen Länder besteht. Alle RGW-Länder können dabei von zwei übereinstimmenden, für diese integrativen Prozesse entscheidenden Faktoren ausgehen: dem gesamtgesellschaftlichen Eigentum an den Produktionsmitteln und der bewußten und planmäßigen Leitung der gesellschaftlichen Entwicklung.

Gerade diese Faktoren waren es auch, die die Klassiker des Marxismus-Leninismus bereits zu ihrer Zeit erkennen ließen, welche Zielrichtung integrative Prozesse zwischen Staaten, in denen die Diktatur des Proletariats verwirklicht worden ist, haben. So stellte Marx fest, daß die Arbeiterklasse ihre neuen politischen und ökonomischen Bedingungen nur durch die „harmonische nationale und internationale Koordinierung" ihres Kampfes entwickeln kann.[2] Dieser Kampf ist heute vor allem ein Kampf um die Stärkung des Weltsozialismus im allgemeinen und der sozialistischen Staatengemeinschaft im besonderen. Diesen Gedanken von Marx weiterentwickelnd, betonte Lenin, „... daß die Tendenz zur Schaffung einer einheitlichen, nach einem gemeinsamen Plan vom Proletariat aller Nationen zu regelnden Weltwirtschaft als ganzes, eine Tendenz, die bereits unter dem Kapitalismus ganz deutlich zutage getreten ist, unter dem Sozialismus unbedingt weiterentwickelt und ihrer Vollendung entgegengeführt werden muß".[3]

Die Realisierung des Komplexprogramms, das bekanntlich auf einen Zeitraum von 15–20 Jahren berechnet ist, erfordert eine ständig wachsende Verflechtung der nationalen Volkswirtschaften der RGW-Länder einschließlich ihrer Leitung und Planung. Da dieses Programm den Interessen und objektiven Erfordernissen jedes Mitgliedslandes entspricht, schränkt seine Realisierung in keiner Weise die Souveränität der Staaten ein, sondern erhöht im Gegenteil die Verantwortung jedes Landes für die Erreichung der gemeinsam beschlossenen Aufgaben. So wurde auf den jüngsten Parteitagen der Bruderparteien übereinstimmend die enge Wechselwirkung zwischen der Erfüllung der jeweiligen gesellschaftlichen Hauptaufgabe und der weiteren Vertiefung der SÖI hervorgehoben. Im neuen Parteiprogramm der SED wird z. B. festgestellt, daß die SÖI „eine entscheidende Bedingung für für die stabile ökonomische und soziale Entwicklung der DDR (ist). Die weitere Entwicklung und ständige Vertiefung der Zusammenarbeit der DDR mit der UdSSR spielt dabei eine ausschlaggebende Rolle".[4] Breshnew unterstrich auf dem XXV. Parteitag der KPdSU einen weiteren wesentlichen Gesichtspunkt, der darin besteht, daß es bei der Realisierung des Komplexprogrammes des RGW „nicht nur um einen großen gegenseitigen ökonomischen Vorteil, sondern auch um eine Aufgabe von enormer politischer Bedeutung ... um die Stärkung der materiellen Grundlagen unserer Gemeinschaft" geht.[5]

Die in den sozialistischen Staaten im Mittelpunkt stehenden Hauptaufgaben erfordern zu ihrer Realisierung eine weitere Intensivierung des gesellschaftlichen Reproduktionsprozesses. Das bedingt die umgehende Erschließung besonders qualitativer Wachstumsfaktoren. Einer der wesentlichen qualitativen Wachstumsfaktoren ist heute der wissenschaftlich-technische Fortschritt. Dieser Prozeß ist deshalb „... in allen RGW-Ländern zum Eckpfeiler der intensiv erweiterten Reproduktion geworden. Das zeigt sich unter anderem in den hohen Aufwendungen für Wissenschaft und Technik in diesen Ländern".[6] Intensivierung durch den wissenschaftlich-technischen Fortschritt ist aber nur dann effektiv, wenn die Bewältigung der wissenschaftlich-technischen Revolution in diesen Prozeß einbezogen wird. Das verlangt sowohl die Verbindung der Errungenschaften der wissenschaftlich-technischen Revolution mit den Vorzügen des sozialistischen Wirtschaftssystems wie auch eine Orientierung der grundlegenden wissenschaftlich-technischen Forschungen auf solche Gebiete, auf denen durch die wissenschaftlich-technische Revolution neue und tiefgreifende Veränderungen der Produktion herbeigeführt werden.

Im Komplexprogramm des RGW nimmt die Frage der Entwicklung von Wissenschaft und Technik aus diesen Gründen eine zentrale Stelle ein. Zur Realisierung der Aufgaben dieses Programms sind deshalb solche bedeutenden Schritte im RGW vorgesehen und zum großen Teil bereits Praxis der gegenseitigen Beziehungen. So z. B.

- systematische gegenseitige Konsultationen zu Grundfragen der wissenschaftlich-technischen Politik,
- Kooperation in der wissenschaftlich-technischen Forschung,
- gemeinsame Lösung einzelner wissenschaftlich-technischer Probleme,
- Koordinierung wissenschaftlich-technischer Forschungen.

Im Prozeß der Realisierung des Komplexprogramms ist dabei eine weitere wichtige Stufe der Zusammenarbeit erreicht worden. Für den Zeitraum von 1976–1980 konnten zum ersten Mal die im Komplexprogramm vorgesehene Koordinierung der Fünfjahrpläne der RGW-Länder vorgenommen werden. Diese Abstimmung erstreckt sich in wachsendem Maße auch auf die produktionsvorgelagerten Phasen des Reproduktionsprozesses: „Von den Planansätzen für Wissenschaft und Technik ausgehend, kann dadurch eine höhere Effektivität der internationalen Arbeitsteilung gesichert werden. Hierzu erfolgt zunehmend eine planmäßige Abstimmung der Grundeinrichtungen der wissenschaftlich-technischen Entwicklung mit der UdSSR und zwischen den anderen RGW-Ländern, von der Grundlagenforschung über die angewandte Forschung bis zur Einführung moderner Technologien in die Produktion."[7]

In diesem, natürlich nur kurz angerissenen und deshalb keineswegs vollständig aufgeführten gesellschaftlichen Rahmen vollzieht sich die Wissenschafts- und Technikentwicklung der DDR innerhalb des Prozesses der SÖI zwischen den sozialistischen Staaten. Es ist klar, daß nur wissenschaftlich-technische Leistungen mit höchster Qualität – so also auch gemeinsame Erfindungen – diesen Rahmen ausfüllen können. Derartige Leistungen zu erreichen ist in diesem Prozeß die konkrete Aufgabe der in Forschung und Entwicklung tätigen wissenschaftlich-technischen Kader.

2. Gemeinsame Erfindungen sind konkrete Resultate bestimmter Formen der wissenschaftlich-technischen Zusammenarbeit (WTZ) der RGW-Länder. Die durch das Komplexprogramm gestellten Aufgaben an die WTZ erforderten eine umfassende Verständigung innerhalb des RGW über Rechte, Pflichten und Organisationsformen der an der WTZ beteiligten Seiten. Mit dem auf der 60. EKO-Tagung gebilligten und zur Anwendung empfehlenen Dokument über „Organisatorisch-methodische, ökonomische und rechtliche Grundlagen der WTZ der Mitgliedsländer des RGW und der Tätigkeit der RGW-Organe auf diesem Gebiet" wurde eine die Anwendung des Komplexprogramms betreffende konkrete Rechtsgrundlage geschaffen.[8] Dieses Dokument verallgemeinert die Erfahrungen, die auf dem Gebiet der WTZ bereits gesammelt werden konnten und verbindet sich mit den zu lösenden Aufgaben zu einem detailliert gegliederten System, das von Regelungen der gegenseitigen Konsultation zu Grundfragen der wissenschaftlich-technischen Politik über die gemeinsame Planung mehrseitiger Vorhaben bis zur Organisation und Durchführung konkreter Vorhaben reicht. Entsprechend den bereits im vorangegangenen Abschnitt erwähnten Schritten, die das Komplexprogramm vorsieht, sind im Abschnitt IV dieses Dokuments folgende Hauptformen der Durchführung wissenschaftlich-technischer Aufgaben bei der WTZ im RGW erfaßt und geregelt worden:

- die Koordinierung wissenschaftlich-technischer Forschungsarbeiten, die von gegenseitigem Interesse sind;
- die Kooperation bei der Durchführung wissenschaftlich-technischer Forschungsarbeiten und
- die gemeinsame Durchführung wissenschaftlich-technischer Forschungsarbeiten.

Während die Koordinierung – ihr Ziel besteht im wesentlichen in der Vermeidung von Doppelarbeit und der Einsparung von Forschungsmitteln – die einfachste Form der WTZ darstellt, sind Kooperation und insbesondere die gemeinsame Durchführung von Forschungsvorhaben Formen der WTZ, die die integrativen Prozesse auf dem Gebiet von Wissenschaft und Technik auf eine höhere Stufe führen. Das kommt auch in den unterschiedlichen Rechtsformen zum Ausdruck, die bei der WTZ im RGW Anwendung finden.

So werden *Arbeitspläne* in der Regel für Koordinierungsvorhaben abgestimmt und bestätigt. Bi- oder multilaterale *Abkommen* zwischen staatlichen Organen bzw. *Verträge* zwischen Betrieben und Einrichtungen der RGW-Länder finden dagegen bei Kooperations- oder gemeinsamen Vorhaben Anwendung, wobei Abkommen prinzipiell zur Lösung besonders wichtiger wissenschaftlich-technischer Aufgaben abgeschlossen werden. Die Koordinierung mit Hilfe von Arbeitsplänen – gegenwärtig noch die vorherrschende Rechtsform der WTZ im RGW – wird vor allem wegen der Notwendigkeit, auch solche Aufgaben komplexer und tiefgehender zu lösen, zukünftig nicht mehr ausreichend sein, den gestellten Anforderungen mit dieser Organisations- und Rechtsform gerecht zu werden. Z. B. wurden zwischen der DDR und der UdSSR für den Zeitraum 1976–1980 ca. 500 zu lösende wissenschaftlich-technische Aufgaben vereinbart.[9] Es ist dabei davon auszugehen, daß ein großer Teil dieser Aufgaben durch kooperative oder gemeinsame Forschungen auf der Basis von Abkommen und Verträgen gelöst werden.

Die weitestgehende Form der WTZ bildet die gemeinsame Durchführung wissenschaftlich-technischer Vorhaben. Sie gewinnt zunehmend größere Bedeutung, weil sie eine Potenzierung des vorhandenen wissenschaftlichen und technischen Potentials ermöglicht. Das wiederum ist notwendig, um sowohl einen wissenschaftlich-technischen Vorlauf zu erreichen als auch kontinuierlich wissenschaftlich-technische Leistungen zu erbringen, die den Welthöchststand bilden. Die gemeinsame Forschung ist dabei in differenzierten Organisationsformen möglich, deren Prinzipien in dem erwähnten Dokument ebenfalls enthalten sind. Zu diesen Formen zählen u. a.:

- gemeinsame Laboratorien (Abteilungen),
- zeitweilige internationale Forschungskollektive,
- internationale wissenschaftliche Organisationen,
- internationale wissenschaftliche Produktionsvereinigungen.

Der Begriff „gemeinsame Erfindung" läßt nun den Schluß zu, daß diese Lösungen nur bei der *gemeinsamen* Durchführung wissenschaftlich-technischer Vorhaben entstehen können. Diese Schlußfolgerung ist nicht zutreffend. Grundsätzlich können gemeinsame Erfindungen bei allen hier aufgeführten Formen der Durchführung wissenschaftlich-technischer Vorhaben der WTZ im RGW auftreten. Im folgenden Abschnitt soll das näher erläutert werden.

3. Gemeinsame Erfindungen – das sind Lösungen, die sich durch zwei wesentliche Merkmale auszeichnen:

a) Diese Lösungen entsprechen im Prinzip in jedem RGW-Land (und darüber hinaus) den Kriterien einer schutzfähigen Erfindung – d. h. vor allem den Merkmalen Weltneuheit, Fortschrittlichkeit und erfinderische Leistung.

b) Diese Lösungen sind in bestimmten Formen der WTZ im RGW entstanden.

Wissenschaftlich-technische Lösungen, die diese Merkmale aufweisen, sind bereits aus den 60er Jahren bekannt. Sie traten erstmalig auf, als neben dem Austausch wissenschaftlich-technischer Ergebnisse sich die koordinierte, kooperative und gemeinsame Forschungstätigkeit entwickelt. Beispiele dafür sind gemeinsame Erfindungen der DDR und der UdSSR bei der Mittelpufferkupplung „Intermat" und auf dem Gebiet des Landmaschinenbaus. Mit diesen Lösungen waren eine Reihe von juristischen, insbesondere natürlich erfinderrechtlichen und ökonomischen Problemen verbunden, die in dieser Form erstmalig auftraten. Die Intensivierung der WTZ, die durch das Komplexprogramm und die folgenden Beschlüsse im RGW eingeleitet wurden, ließ das rasche Ansteigen der Zahl dieser Lösungen erwarten. Diese Erwartungen wurden durch die Resultate der Praxis bestätigt. So war es nur konsequent, daß sich die RGW-Länder gemeinsam um die Schaffung einer Rechtsgrundlage zur Regelung der mit diesen Lösungen verbundenen Problemen bemühten. 1973 wurde im RGW das „Abkommen über den Rechtsschutz von Erfindungen, Geschmacks-, Gebrauchsmustern und Warenzeichen bei der wirtschaftlichen und wissenschaftlich-technischen Zusammenarbeit" (Rechtsschutzabkommen) unterzeichnet, das eine derartige Rechtsgrundlage darstellt.[10] Dieses Abkommen ist, wie Hemmerling betont, „das erste bedeutende, unmittelbar praxiswirksame Resultat der Zusammenarbeit der Mitgliedsländer des RGW auf dem Gebiet des wissenschaftlich-technischen Rechtsschutzes".[11]

Im Abkommen finden sich Regelungen zu folgenden Schwerpunkten:

- Festlegung der Rechte der Staaten bzw. Organisationen an den durch gemeinsame Arbeit entstandenen Erfindungen entsprechend den Dokumenten der 60. EKO-Tagung,
- gemeinsame Rechte und Pflichten der schutzrechtlichen Sicherung dieser Erfindungen,

– die materielle Anerkennung der Erfinder durch die beteiligten und benutzenden Staaten.

Entscheidende Voraussetzung für diese Regelungen ist jedoch das ebenfalls durch das Abkommen geschaffene Rechtsinstitut der „gemeinsamen Erfindung". Der Begriff der gemeinsamen Erfindung ist dadurch juristisch relevant geworden, d. h. er ist im Interesse der Eindeutigkeit nur im Sinne diesem Abkommens zu verstehen. In den verschiedenen Organisationsformen der WTZ im RGW entstehen *gemeinsame* Erfindungen stets dann, wenn eine oder mehrere der folgenden Voraussetzungen erfüllt werden:

a) in *gemeinsamer Urheberschaft* von Bürgern der Abkommensländer;
b) in *internationalen* Forschungseinrichtungen der wissenschaftlichen Produktionsvereinigungen bzw. in *gemeinsamen* Laboratorien oder Abteilungen;
c) bei der Durchführung *gemeinsam* finanzierter Arbeiten, wenn es in den Vereinbarungen und Verträgen über derartige Arbeiten vorgesehen ist.

Trifft keine dieser Voraussetzungen bei einer konkreten Form der WTZ zu, dann liegt eine selbständige Erfindung im Sinne des Rechtsschutzabkommens vor.

Die Rechte an den gemeinsamen Erfindungen stehen grundsätzlich den Staaten (oder, sofern es die nationale Gesetzgebung gestattet, den Betrieben und Einrichtungen) zu, dessen Bürger bzw. Mitarbeiter Urheber sind oder die die internationale bzw. gemeinsame Einrichtung tragen oder die an der gemeinsamen Finanzierung beteiligt sind.

Unter den Rechten an gemeinsamen Erfindungen sind vor allem zu verstehen das Recht auf schutzrechtliche Sicherung und Benutzung der Erfindung auf dem eigenen Territorium, schutzrechtliche Sicherung in den Ländern, denen das Recht an der Erfindung nicht zusteht, das Recht auf den Export von Erzeugnissen, die die gemeinsame Erfindung beinhalten sowie das Recht auf unentgeltliche und entgeltliche Übergabe an Länder, denen das Recht an der Erfindung nicht zusteht.

Neben umfangreichen Regelungen zur Sicherung des Rechtsschutzes der gemeinsamen Erfindungen sind in den Artikeln 12–14 die Vergütungsrechte der Urheber von gemeinsamen Erfindungen und die Grundsätze der Berechnung und Zahlung der Vergütung geregelt. Auf diese Bestimmungen und mit ihnen zusammenhängende Probleme soll nun im folgenden Abschnitt eingegangen werden.

4. Gemeinsame Erfindungen bilden, entsprechend den Prinzipien des sozialistischen Erfinderrechts, auch die Grundlage für die gesellschaftliche Anerkennung der Urheber dieser Lösungen. Das Rechtsschutzabkommen regelt vor allem die relevanten Fragen der materiellen Anerkennung, d. h. der Erfindervergütung. Dabei wird von folgenden Grundsätzen ausgegangen:

a) Steht einem RGW-Mitgliedsland das Recht an einer gemeinsamen Erfindung zu, so erhalten alle Urheber bei der Benutzung dieser Erfindung eine Vergütung nach den nationalen Bestimmungen des Benutzungslandes.
b) Bei der entgeltlichen Übergabe von Erfindungen entsprechend dem Rechtsschutzabkommen an Staaten, denen das Recht an der Erfindung nicht zusteht, wird der Vergütungsbetrag entsprechend der Anteile an der Erfindung nach den nationalen Regelungen aus dem Übergabeerlös berechnet.
c) Erfolgt diese Übergabe unentgeltlich, werden die Fragen der Zahlung einer Vergütung durch kompetente Organisationen der übergebenden und übernehmenden Staaten geregelt.
d) Der Vergütungsbetrag wird durch das benutzende Land an den ausländischen Urheber über das kompetente Organ (Betrieb, Institution) überwiesen, das die Vergütungs-

zahlung entsprechend der nationalen Regelung vornimmt. Die Urheber haben in diesen Fällen einen völkerrechtlich verbindlichen Überweisungsanspruch entsprechend den Regelungen für den nichtkommerziellen Warenverkehr.

Kernpunkt dieser Regelung und Ausgangspunkt verschiedener Probleme ist der unter a) aufgeführte Grundsatz – Vergütung der Urheber gemeinsamer Erfindungen nach den *nationalen* Bestimmungen des Benutzungslandes, dem das Recht an dieser Erfindung zusteht. Erarbeiten z. B. in einer wissenschaftlichen Forschungseinrichtung Bürger der DDR, CSSR und UdSSR eine gemeinsame Erfindung, die in diesen Staaten benutzt werden soll, so wird jedes Mitglied des Urheberkollektivs, unabhängig von seiner Staatsbürgerschaft, nach den nationalen Vergütungsbestimmungen für Erfinder der DDR, CSSR und UdSSR vergütet. Diese Bestimmungen der RGW-Länder, ihre Gemeinsamkeiten und Unterschiede, müssen deshalb etwas näher betrachtet werden.

Die wichtigsten Voraussetzungen der Zahlung der Erfindervergütung sind:

1. das Vorliegen eines erteilten Erfindungsschutzrechts,
2. eine Benutzungshandlung, die in den Schutzumfang des betreffenden Schutzrechts eingreift,
3. ein gesellschaftlicher Nutzen, der durch die Benutzungshandlung entsteht.

Von diesen Voraussetzungen wird grundsätzlich übereinstimmend in allen RGW-Ländern bei der Gestaltung der nationalen Regelungen für die Erfindervergütung ausgegangen. Die Frage des Eintritts eines gesellschaftlichen Nutzens ist dabei von besonderer Bedeutung. Erfindungen besitzen als wissenschaftlich-technische Leistungen zunächst nur einen immateriellen Charakter. Die gesellschaftliche Relevanz dieser Leistungen liegt erst dann vor, wenn die Wirkung der Erfindung tatsächlich eintritt. Diese Wirkung ist in der Regel ein ökonomischer Nutzen in der Produktion, den Außenhandelsbeziehungen oder in anderen gesellschaftlichen Bereichen.

Auch zu der Frage, wann eine Benutzungshandlung vorliegt, die den Nutzen einer Erfindung eintreten läßt, gibt es eine relative Übereinstimmung innerhalb der RGW-Länder. So wird als Benutzungshandlung grundsätzlich auch die Übergabe, Lizenzierung bzw. der Verkauf erfinderischer Lösungen im Ausland angesehen. Der Grad der Aufnahme dieser Fragen in die nationalen rechtlichen Regelungen des Erfindungswesens ist jedoch nicht einheitlich.

Die Benutzungshandlung muß vollständig oder teilweise in den Schutzumfang eines Erfindungsschutzrechts eingreifen. Aus dieser Voraussetzung für die Erfindervergütung ergibt sich folgendes Problem: Zur Klärung der Frage, ob durch eine Benutzungshandlung ein Schutzrecht berührt wird, sind die jeweiligen nationalen Regelungen zur Bestimmung des Schutzumfanges von Erfindungen heranzuziehen. Diese Regelungen lassen sich in ihrer Grundorientierung in zwei Hauptgruppen einteilen. Während in der einen Gruppe ausschließlich die Formulierung des Erfindungsanspruches zur Bestimmung des Schutzumfanges herangezogen wird, kann in der anderen Gruppe unter bestimmten Umständen die gesamte Erfindungsbeschreibung dazu benutzt werden. Diese unterschiedliche Auslegung des Schutzumfanges kann dazu führen, daß dieselbe Benutzungshandlung in einem RGW-Land einen Vergütungsanspruch für den Erfinder begründet, weil dadurch die *Erfindung* benutzt wird, in einem anderen aber nicht. Besonders hervortreten kann diese Problematik daher bei den gemeinsamen Erfindungen entsprechend dem Rechtsschutzabkommen. Das auf der 8. Tagung der Beratung der Leiter der Ämter für Erfindungswesen der Mitgliedsländer des RGW beschlossene mehrseitige „Abkommen über die Vereinheitlichung der Erfordernisse für Erfindungsanmeldungen“ stellt sicherlich, da es auch einheitliche Kriterien der Formulierung des Erfindungsanspruchs beinhaltet, einen wesentlichen Schritt zur Klärung dieser auch vergütungsrechtlich relevanten materiellrechtlichen Frage innerhalb des RGW dar.[12]

Für die Fälle, daß eine Benutzungshandlung nicht vorliegt bzw. nicht berücksichtigt werden kann oder die Erteilung eines Schutzrechts noch nicht erfolgt ist, sind in den Erfindungsgesetzgebungen der RGW-Länder Ausnahmeregelungen für die materielle Anerkennung der Erfinder vorgesehen, die jedoch unterschiedlich ausgestaltet sind.

Für die Zahlung der Erfindervergütung ist hinsichtlich der nationalen rechtlichen Regelung auch der Zeitraum zwischen dem Entstehen des Anspruchs auf Vergütung und der Zahlung der Vergütung von Bedeutung. Während im wesentlichen übereinstimmend der Anspruch auf Vergütung von dem Zeitpunkt an besteht, von dem an eine geschützte Erfindung benutzt wird, liegt der Zeitpunkt der Zahlung der Vergütung in der Regel erst mindestens ein Jahr nach dem Benutzungsbeginn. Dieser Zeitraum ist erforderlich, da die Ermittlung des Nutzens einer Erfindung einen Durchschnittswert erbringen muß und der Nutzen vorher oft nicht an Hand konkreter ökonomischer Kennziffern festzustellen ist.

Die Höhe der Erfindervergütung ergibt sich in allen RGW-Ländern im wesentlichen übereinstimmend aus dem durch die Erfindung erreichten gesellschaftlichen Nutzen. Dieser Nutzen ist stets ein Vergleichsresultat zum bisherigen Stand der Technik zuzüglich den mit der Erfindung verbundenen Aufwendungen. Der gesellschaftliche Nutzen kann hinsichtlich seiner konkreten Bestimmung zunächst in zwei Formen auftreten:

- als meßbarer Nutzen,
- als nicht meßbarer Nutzen.

Der meßbare Nutzen ist in den nationalen Regelungen aufgeschlüsselt in verschiedene konkrete Nutzensarten, die im wesentlichen von einer Kosteneinsparung oder anderen errechenbaren technisch-ökonomischen Kennziffern ausgehen. Die grundsätzliche ökonomische Bewertung der verschiedenen Nutzensarten ist in den einzelnen RGW-Ländern nicht immer übereinstimmend. Das gilt insbesondere für Erfindungen, die eine Einsparung von Investitionsmitteln bewirken. Trotz dieser Unterschiede muß festgestellt werden, daß diese Form der Nutzensermittlung gegenwärtig die am einfachsten zu realisierende ist. Aus dem für einen bestimmten Zeitabschnitt festgestellten Nutzen ergibt sich durch Festlegungen in den nationalen Bestimmungen die Höhe der Vergütung. Hierbei kommen entweder Tabellen zur Anwendung, die einer bestimmten Nutzenshöhe einen bestimmten Vergütungsbetrag zuordnen, oder andere Formen. Der relevante Nutzensermittlungszeitraum beträgt in der DDR, CSSR, VR Bulgarien und der MVR im Prinzip das erste Benutzungsjahr, wobei Vergütungserhöhungen bei Nutzensvergrößerungen in den folgenden (bis zu 5) Benutzungsjahren möglich sind.

Eine von dieser Betrachtung des Benutzungszeitraumes und auch der Bestimmung der Höhe der Vergütung abweichende Methode wird in der UdSSR, der VR Polen und auch in den neuen Bestimmungen der SR Rumänien gewählt. In diesen Staaten wird ein Benutzungszeitraum von 5 Jahren (in der VR Polen u. U. noch weitere 5 Jahre) zugrundegelegt und eine dem jährlichen Nutzen entsprechende Vergütung gezahlt.

Erfahrungswerte aus sozialistischen und auch kapitalistischen Staaten ergeben, daß Erfindungsschutzrechte in der Regel 5–7 Jahre aufrechterhalten werden. Dieser Zeitraum steht mit Sicherheit in einem engen Zusammenhang mit der ökonomischen Verwertbarkeit von Erfindungen hinsichtlich des Standes der Technik. Insofern ist die 5-Jahres-Regelung die logische Konsequenz dieser Tatsache für die Vergütung der Erfinder.

Die Länder, die vom 1. Benutzungsjahr als Nutzensberechnungsgrundlage ausgehen, sowie die VR Polen geben in ihren Bestimmungen vom Nutzen abhängige degressiv gestaffelte Tabellen zur Vergütungsberechnung vor. So liegt die prozentuale Spanne der Vergütungsberechnung zwischen niedrigstem und höchstem Nutzen in der MVR zum Beispiel zwischen 4,5% und 0,6%, in der VR Bulgarien zwischen 36% und 5,3%, in der CSSR zwischen 50% und ca. 2%, in der VR Polen zwischen 40% und 2,5% und in der DDR zwischen 40% und 3% (alles Annäherungswerte). In der UdSSR wird die Höhe der Vergütung in Abhängigkeit von dem Nutzen an eine andere Weise bestimmt. Die Vergütung beträgt dort einheitlich 2% des (Kalender-)jährlichen Nutzens. Innerhalb des Vergütungszeitraumes von 5 Jahren könnte so ein Vergütungsbetrag von 10% des insgesamt feststellbaren Nutzens erreicht werden. In allen diesen Staaten muß eine gewisse Vergütungssumme auf jeden Fall gezahlt werden und darf ein festgelegter Vergütungshöchstbetrag nur in Ausnahmefällen überschritten werden. In der neuen rumänischen Regelung ist eine weitere Variante der Vergütungsfestsetzung und -zahlung enthalten. Die Höhe der Vergütung ist im Einzelfall auf Grund staatlicher Normen zu beantragen und wird durch ein kompetentes Staatsorgan bestätigt. Der Vergütungszeitraum beträgt, wie bereits erwähnt, höchstens 5 Jahre. Die jährliche Vergütung darf 3 Monats-Tarifgehälter eines wissenschaftlichen Mitarbeiters des entsprechenden Industriezweiges nicht überschreiten.

Die Vergütungshöhe bei gleichbleibendem meßbaren Nutzen in dem jeweiligen Benutzungszeitraum ist in den einzelnen RGW-Ländern sehr unterschiedlich.

Unterschiede bestehen zunächst in der Ermittlung der Nutzenshöhe – eine Größe, die ja die Vergütungshöhe direkt bestimmt. Die in der DDR in dieser Hinsicht zu berücksichtigenden Kriterien, die sich aus der „Nutzensermittlungsanordnung“[13] ergeben, umfassen im Vergleich mit anderen RGW-Ländern sehr viele Einzelkriterien. Bereits aus dieser Tatsache ergeben sich gewisse Differenzen in der Vergütungshöhe.

Natürlich bringt die Vergütungshöhe auch im besonderen die noch bestehenden ökonomischen, historischen und sozialen Unterschiede zwischen den einzelnen RGW-Ländern zum Ausdruck. Diese Unterschiede zu überwinden ist ja gerade eine Hauptaufgabe der Tätigkeit des RGW. Sie ist nicht kurzfristig lösbar.

Die Methode der Vergütungsberechnung nach einem meßbaren Nutzen ist aber in den Fällen nicht anwendbar, wo bei der Benutzung einer gemeinsamen Erfindung kein meßbarer ökonomischer Nutzen entsteht, dafür aber eine Reihe von anderen Vorteilen. Da diese Eigenschaft bei vielen Erfindungen auftritt, ist dadurch auch ein für die Vergütung der Erfinder relevantes Problem entstanden. Bei der Benutzung von Erfindungen, deren ökonomischer Nutzen nicht feststellbar ist, wird in den RGW-Ländern bis auf wenige Ausnahmen die Vergütung unter Berücksichtigung bestimmter, mit der Erfindung im Zusammenhang stehender Umstände durch Leitungsorgane bzw. Leiter festgesetzt (DDR, Bulgarien, CSSR, MVR, VR Polen; zum Teil in der SR Rumänien und Ungarn). In der UdSSR wird durch die „Zeitweilige Bestimmung über die Festlegung der Höhe der Urhebervergütung“[14] der Versuch unternommen, gerade bei derartigen Erfindungen von der Leistung der Erfinder auszugehen. Diese Methode bedient sich konkreter, in der Bestimmung festgelegter und aufgeschlüsselter Koeffizienten K_1 bis K_4, die miteinander und mit 20 Rubel multipliziert die Höhe der Vergütung derartiger Erfindungen ergeben. Die einzelnen Koeffizienten erfassen dabei folgende Sachverhalte:

K_1: Koeffizient des erreichten positiven Nutzens (z. B. Wert 4,0 : Gewinnung neuer Werkstoffe ... aus ihren bereits erkannten analogen Arten)

K_2: Koeffizient des Umfanges der Realisierung einer Erfindung (z. B. Wert 6,0 ; Serienproduktion zur Versorgung vieler Betriebe im Laufe mehrerer Jahre)

K_3: Koeffizient der wissenschaftlich-technischen Bedeutung einer Erfindung (z. B. Wert 4,0 : Erfindung, die eine völlige Neuheit darstellt)

K_4: Schwierigkeitskoeffizient der gelösten technischen Aufgabe (z. B. Wert 1,0 : Konstruktion eines einfachen Teils ... usw.)

Diese neue sowjetische Regelung ist von ihrer Anlage her ein Versuch, der sich in der Praxis bereits bewährt. Es ist jedoch noch die Frage zu klären, inwieweit diese Methode für eine Vergütungsfestsetzung entsprechend der Erfinderleistung generell anwendbar ist. Bei der Vergütungsfestsetzung für derartige Erfindungen in den anderen sozialistischen Staaten sind zwar auch in der praktischen Anwendung Faktoren zu berücksichtigen, die sich in der einen oder anderen Weise unter die in der UdSSR verwendeten Koeffizienten subsumieren lassen. Sie sind aber weder so detailliert aufgeschlüsselt noch so rechtlich verbindlich hinsichtlich der konkreten Bestimmung der Vergütungshöhe geregelt wie in der UdSSR.
Ein Sonderfall der gemeinsamen Erfindungen, die keinen unmittelbaren Nutzen erbringen, sind die sogenannten Perspektiv-Erfindungen. Sie zeichnen sich in der Regel durch ein hohes wissenschaftlich-technisches Niveau aus. Ein ökonomischer Nutzen würde nach aller Wahrscheinlichkeit im Benutzungsfall eintreten. Das ist aber oft erst mehrere Jahre nach der Schutzrechtserteilung oder unter Umständen erst nach Ablauf der Geltungsdauer des Schutzrechts der Fall. Auch in diesen Fällen muß entsprechend dem sozialistischen Leistungsprinzip eine bestimmte Form der Vergütung durchgesetzt werden. So wird z. B. in der VR Polen beim Vorliegen einer solchen Erfindung eine vorläufige Vergütung gezahlt (in Abhängigkeit von einem zu erwartenden Nutzen), die auch bei späterer Nichtbenutzung nicht zurückzuzahlen ist. In der UdSSR besteht die Möglichkeit einer gesonderten Prämienzahlung in diesen Fällen. Insgesamt sind diese Fragen aber in den erfinderrechtlichen Regelungen der RGW-Länder zu wenig berücksichtigt.
Die Urheber gemeinsamer Erfindungen erhalten auch dann eine Vergütung, wenn die Erfindung an Staaten (Organisationen) entgeltlich oder unentgeltlich übergeben wird, denen das Recht an dieser Erfindung nicht zusteht. Entsprechend dem Abkommen und der dazu erlassenen nationalen Anschlußregelung der DDR[15] ergibt sich die Höhe der Vergütung bei der entgeltlichen Übergabe aus dem Teil der zu erstattenden Aufwendungen bzw. aus dem Teil des Erlöses eines Lizenzvertrages auf kommerzieller Basis, auf den die kompetente Organisation des zu übergebenden Landes (Betrieb, Institut usw.) Anspruch haben. Die Vergütung kann in der DDR dabei bis zu 15% des auf die Erfindung unmittelbar entfallenden Erlöses betragen.[16] Bei der unentgeltlichen Übergabe wird die Vergütung zwischen den übergebenden und übernehmenden Organisationen vereinbart.

5. Gemeinsame Erfindungen – das ist ein Rechtsinstitut, das sich auf Grund neu entstandener Formen der WTZ im RGW herausgebildet hat und dem die RGW-Mitgliedsländer eine große Bedeutung zumessen. Diese Bedeutung ergibt sich unter anderem aus der Tatsache, daß gemeinsame Erfindungen Gegenstand eines multilateralen RGW-Abkommens geworden sind. Entsprechend der Rolle dieser Lösungen im Prozeß der SÖI sichert das Rechtsschutzabkommen – auch wenn noch nicht alle Teilprobleme umfassend gelöst wurden – die grundsätzlichen Rechte und Pflichten der beteiligten Staaten und Organisationen und der Urheber dieser gemeinsamen Erfindungen. Das Abkommen trägt

damit dazu bei, das wissenschaftlich-technische Schöpfertum der Forschungs- und Entwicklungskader noch stärker auf die im Rahmen der sozialistischen Staatengemeinschaft zu lösenden Aufgaben zu konzentrieren.

Anmerkungen

1 N. Faddejew, Internationale Wirtschaftsorganisation sozialistischer Länder 1949–1974, Einheit, Heft 1/74, S. 16.
2 K. Marx, Erster Entwurf zum Bürgerkrieg in Frankreich, Marx/Engels, Werke, Bd. 17, S. 546.
3 W. I. Lenin, Entwurf der Thesen zur nationalen Frage, Lenin, Werke, Bd. 31, S. 135.
4 Programm der SED, Berlin 1976, S. 32.
5 L. I. Breshnew, „Rechenschaftsbericht des ZK der KPdSU und die nächsten Aufgaben der Partei in der Innen- und Außenpolitik", Berlin 1976, S. 13.
6 W. Kunz, Sozialistische ökonomische Integration – Garantie und Quelle kontinuierlicher Aufwärtsentwicklung, Einheit, Heft 1/1976, S. 48.
Die UdSSR wendet z. B. jährlich mehr als 4% des Nationaleinkommens für die Forschung auf, die DDR und die CSSR nahezu 4%.
7 Ebenda, S. 52.
8 Vgl. Gesetzblatt der DDR (GBl.-DDR) – Sonderdruck 750 und 765; letzterer enthält eine Spezialregelung zur WTZ DDR–UdSSR.
Die Org.-Method. Grundlagen ... (Sonderdruck 750) finden hier nur ergänzend Anwendung, die Formen der WTZ sind aber im Prinzip übereinstimmend geregelt.
9 Vgl. Einheit, Heft 11/75, S. 1242.
10 Veröffentlicht im GBl.-DDR, Teil II, Nr. 10/1973, S. 109.
11 J. Hemmerling, Unterzeichnung des mehrseitigen Rechtsschutzabkommens, der neuerer (Beilage), 9/1973, S. 115.
12 Dieses Abkommen ist in der DDR gemäß der Anordnung über die Erfordernisse für die Ausarbeitung und Einreichung von Erfindungsanmeldungen vom 5. 11. 1975 in Kraft (vgl. GBl.-DDR, Sonderdruck 821).
13 Vgl. Anordnung über die Ermittlung des Nutzens zur Vergütung von Neuerungen und Erfindungen, GBl.-DDR, Teil II, Nr. 48/1972.
14 Diese Bestimmung ist in den EuV-Informationen der Zeitschrift „der neuerer" Heft 3/1974 veröffentlicht.
15 Dritte Durchführungsbestimmung zur Neuererverordnung, GBl.-DDR, Teil I, Nr. 25/1975, S. 450.
16 Nach Artikel 15 des Rechtsschutzabkommens werden bei der entgeltlichen Übergabe *selbständiger* Erfindungen an ein Abkommensland die gleichen Vergütungsgrundsätze angewandt wie bei gemeinsamen Erfindungen. Zur Koeffizientenmethode vergleiche inzwischen auch 4. DB zur NVO-Festsetzung von Vergütungen, GBl. I Nr. 23/1977, S. 295.

Helena Münnichova
Hans Pogodda

Die notwendige Auseinandersetzung mit der bürgerlichen Ideologie auf dem Gebiet des Rechtsschutzes wissenschaftlich-technischer Ergebnisse

1. Für die Durchsetzung der Politik der friedlichen Koexistenz zwischen Staaten unterschiedlicher Gesellschaftsordnung ist die weltweite internationale wissenschaftlich-technische Zusammenarbeit, die von der gegenseitigen Achtung der Souveränität der beteiligten Staaten getragen wird und ihrem gegenseitigen Vorteil dient, von großer Bedeutung. Sie ist daher zu recht oft als ein wesentlicher Bestandteil der materiellen Basis der Politik der friedlichen Koexistenz bezeichnet worden. Zugleich wurde aber auch immer wieder mit Nachdruck darauf hingewiesen, daß die Politik der friedlichen Koexistenz als Gestaltung der Beziehungen zwischen Staaten unterschiedlicher Gesellschaftsordnung die ideologische Auseinandersetzung zwischen Sozialismus und Kapitalismus nicht etwa schwächt, sondern eher verstärkt. Die Förderung der internationalen wissenschaftlich-technischen Zusammenarbeit durch die sozialistischen Staaten mit dem kapitalistischen Wirtschaftssystem erfordert daher gleichzeitig die hierbei auftretenden ideologischen Gegensätze zu erkennen und die notwendige Auseinandersetzung zu führen. Das gilt auch bezüglich der staatlichen Mittel, die zur Gestaltung der internationalen wissenschaftlich-technischen Zusammenarbeit zwischen sozialistischen und kapitalistischen Staaten angewandt werden, wie das bei rechtlichen Regelungen der Fall ist. Hinzu kommt, daß bei jeder Art internationaler Zusammenarbeit sowohl die jeweiligen nationalen rechtlichen Regelungen der beteiligten Staaten wie auch Regelungen der zwischen ihnen abgeschlossenen internationalen Abkommen zur Anwendung kommen. Das betrifft in der internationalen wissenschaftlich-technischen Zusammenarbeit zwischen sozialistischen und kapitalistischen Staaten besonders den Rechtsschutz wissenschaftlich-technischer Ergebnisse. Hier gilt es deutlich zu machen, daß diese Regelungen nicht etwa außerhalb jedweder politischen Zielstellung der klassenneutralen technologischen Abwicklung der zwischen den Staaten entstehenden Rechtsschutzfragen dienen, sondern sie sind die Kanalisierung von Klasseninteressen, die ihrerseits von den antagonistischen Widersprüchen unserer historischen Epoche geprägt sind, die in dem weltweiten Übergang der Menschheit vom Kapitalismus zum Sozialismus besteht.

2. Der Kampf der antagonistischen sozialen Kräfte unserer Epoche und die sich in seinem Ergebnis vollziehende Veränderung des Weltkräfteverhältnisses zugunsten des Sozialismus führt zu einer ständigen Verschärfung der ideologischen Auseinandersetzung zwischen Sozialismus und Kapitalismus. Im Rechenschaftsbericht des ZK der KPdSU an den XXV. Parteitag heißt es dazu: „Wir leben in einer Epoche grundlegender sozialer Wandlungen. Nach wie vor erstarken und erweitern sich die Positionen des Sozialismus. Die Siege der nationalen Befreiungsbewegung eröffnen den Ländern, die ihre Unabhängigkeit erkämpft haben, neue Horizonte. Der Klassenkampf der Werktätigen wird immer stärker. Die revolutionäre, demokratische antiimperialistische Bewegung nimmt immer größere Ausmaße an. All das bedeutet in seiner Gesamtheit ein Fortschreiten des revo-

lutionären Weltprozesses."[1] Die Ausbreitung und Vertiefung des revolutionären Weltprozesses und die sich dadurch vollziehende Festigung der antiimperialistischen Einheit der revolutionären Kräfte in der Welt, die in dem Bruderbund der sozialistischen Staaten, als dem Kern der antiimperialistischen Weltbewegung, in der antiimperialistischen Befreiungsbewegung in den Entwicklungsländern und in den noch kolonial unterdrückten Ländern und in der revolutionären Arbeiterbewegung und der um sie gescharten demokratischen Kräfte in den kapitalistischen Staaten besteht, führt zugleich zu einer ständigen weiteren Verschärfung der allgemeinen Krise des Kapitalismus. Das zeigt sich innerhalb des kapitalistischen Herrschaftssystems vor allem im Niedergang der bürgerlichen Demokratie, in der wachsenden wirtschaftlichen Labilität, in der zunehmenden Rechtsunsicherheit usw., aber auch in der Tatsache, daß der Kapitalismus im Zuge der von den sozialistischen Staaten unter Führung der Sowjetunion betriebenen Entspannungspolitik zunehmend gezwungen wird, seine imperialistischen, räuberischen Methoden in den internationalen Beziehungen aufzugeben. Gleichzeitig versucht sich der Kapitalismus dieser für ihn neuen und komplizierten Lage anzupassen, indem er vor allem auf ideologischem Gebiet in rascher Folge neue demagogische Mittel einsetzt, um im Lager des Sozialismus und Weltfriedens Verwirrung zu stiften und in geeigneten Augenblicken dann auch zu brutaler Gewaltanwendung greift. Das stellt die sozialistischen Staaten ebenfalls vor neue ideologische Aufgaben. K. Hager betonte dazu, als die Parteien der Staaten der sozialistischen Gemeinschaft 1973/74 auf das notwendige Anwachsen der ideologischen Auseinandersetzung zwischen Sozialismus und Kapitalismus verstärkt hinzuweisen begannen und die gesellschaftlichen Kräfte für den bevorstehenden ideologischen Kampf formierten: „Die Rolle des ideologischen Kampfes in der internationalen Arena wächst ständig an und die Schärfe der ideologischen Auseinandersetzung nahm zu."[2]

Die Bourgeoisie ist über die innen- und außenpolitischen Erfolge des Sozialismus, der Bewegung der demokratischen Kräfte in der Welt und über die sich verschärfende Krise im eigenen Herrschaftsbereich äußerst beunruhigt. Die Anziehungskraft des realen Sozialismus auf die Werktätigen in den nichtsozialistischen Ländern wird stärker. Das treibt die imperialistische Bourgeoisie und ihre Ideologen zu immer raffinierteren und heftigeren antikommunistischen Aktionen, die in ihren rechtlichen Doktrinen eine besondere Ausprägung erfahren. Die Verantwortung der sozialistischen Staaten, ideologische Widersprüche zwischen Sozialismus und Kapitalismus auch in der Sphäre des Rechts auszutragen, ist deshalb groß. Verkörpert sich doch im sozialistischen wie im kapitalistischen Rechtssystem jener politische Wille der herrschenden Klasse, den sie mit Hilfe ihres staatlichen Machtapparates auch nötigenfalls zwangsweise durchzusetzen gedenkt. In dieser Hinsicht unterscheidet sich jedoch das sozialistische Recht vom kapitalistischen Recht zugleich wesentlich. Während das kapitalistische Recht den Ausbeutungsinteressen der Bourgeoisie dient und gegen die Werktätigen gewendet sowie in den internationalen Beziehungen auf die Rückgängigmachung des Sozialismus in der Welt gerichtet ist, reflektiert das sozialistische Recht die Interessen der Arbeiterklasse und der mit ihr verbündeten Klassen und Schichten, dient es in den internationalen Beziehungen der Förderung des gesellschaftlichen Fortschritts unserer Epoche. Die Funktion des sozialistischen Rechts besteht deshalb darin, die Werktätigen in den sozialistischen Ländern zur Lösung der wesentlichen politischen Aufgaben bei der Gestaltung ihrer eigenen materiellen und geistigen Lebensbedingungen zu formieren und sie auf diese Weise gleichzeitig in den Kampf um die weitere Veränderung des Weltkräfteverhältnisses zugunsten des Sozialismus zu führen. Die Einhaltung und Durchsetzung der sozialistischen Gesetzlichkeit wird so zu einem zentralen ideologischen Faktor, der in den internationalen Beziehungen zum kapitalistischen Gesellschaftssystem die Befähigung der Werktätigen der sozialistischen Länder einschließt, die durch das kapitalistische Recht lancierten Klasseninteressen der Bourgeoisie zu erkennen und abzuwehren. Der Beschluß des Politbüros der SED vom 7. 5. 1974 zu Fragen der ideologischen Arbeit mit dem sozialistischen Recht hat die Komplexität dieser politisch-ideologischen Aufgaben nachdrücklich unterstrichen. Er hat die Forderung erhoben, die historischen Errungenschaften der sozialistischen Rechtsordnung und die Einhaltung der sozialistischen Gesetzlichkeit deutlicher in die ideologische Arbeit einzubeziehen. Werden auf diesem wichtigen Gebiet allerdings nur unzureichende Anstrengungen unternommen, gilt auch hierfür die Erkenntnis, daß der Klassengegner immer dort ist, wo wir selbst nicht wirken. Durch das jahrhundertelange Bekanntsein bestimmter, von der Bourgeoisie praktizierter Rechtsprinzipien, haben sie für sich oft noch den Anschein unverrückbarer Wahrheiten, sofern es uns nicht gelingt, ihnen neue sozialistische Rechtsprinzipien, neue Wahrheiten entgegenzuhalten.

Das gilt in Beziehungen der internationalen wissenschaftlich-technischen Zusammenarbeit zwischen sozialistischen und kapitalistischen Staaten in einem besonderen Maße sicherlich für die Regelungen des Rechtsschutzes wissenschaftlich-technischer Ergebnisse. Es sind vor allem drei Faktoren, die hier wirken. Zunächst sind auch auf diesem juristischen Gebiet die bourgeoisen Rechtsgrundsätze sehr alt. Das erste Patentgesetz der Welt datiert aus dem Jahre 1474. Es wurde von der Republik Venedig erlassen und hat nachweislich die nachfolgenden Rechtsschutzregelungen der gesamten kapitalistischen Welt beeinflußt. Weiterhin hat es sich die Bourgeoisie gerade auf dem Gebiet des Rechtsschutzes wissenschaftlich-technischer Ergebnisse unter Zuhilfenahme eines großen ideologischen Apparates nicht nehmen lassen, ihre wahren klassenmäßigen Profitinteressen zu verschleiern und für Interessen um den Fortschritt der Produktivkräfte auszugeben, was ihnen eine gewisse klassenneutrale Gloriole verlieh. Schließlich existieren für den Rechtsschutz wissenschaftlich-technischer Ergebnisse internationale Abkommen, namentlich die Pariser Verbandsübereinkunft (PVÜ) und ihre Sonderabkommen, mit deren Hilfe die Bourgeoisie dem Rechtsschutz wissenschaftlich-technischer Ergebnisse ein *überstaatliches* Gepräge zu verleihen suchte, was sich für sie als besonders zweckmäßig erwies, als diesen internationalen Abkommen nach dem zweiten Weltkrieg auch sozialistische Staaten angehörten, die eine von den kapitalistischen Ländern offensichtlich unterschiedene Rechtsschutzpolitik betrieben.

3. Diese Faktoren eignen sich für die bürgerlichen Ideologen ganz besonders, die scheinbare Vielfalt ihrer ideologischen Mittel gegen die Entwicklung des revolutionären Weltprozesses in Anwendung zu bringen. Ihre Gesamtheit macht es heute dringend erforderlich, daß wir uns bei einer im Interesse der Politik der friedlichen Koexistenz liegenden Verstärkung der internationalen wissenschaftlich-technischen Zusammenarbeit zwischen den Staaten des Sozialismus und Kapitalismus mit der bürgerlichen Ideologie auf dem Gebiet des Rechtsschutzes wissenschaftlich-technischer Ergebnisse intensiv auseinandersetzen. Dabei begegnet uns zunächst augenfällig der Pluralismus der bürgerlichen Rechtsdoktrin überhaupt, der seinerseits dem gesellschaftstheoretischen Konzept der Bourgeoisie entspricht. Einer seiner bekannten Verfechter, der Philosoph Karl R. Popper, stellt dazu 1959 fest: „Ich kenne viele und gute Menschen, die es als eine Schwäche des Westens ansehen, daß wir ... keine tragende, einheitliche Idee, keinen einheitlichen Glauben haben ... Diese weitverbreitete Ansicht ist durchaus verständlich. Aber ich halte sie für

grundfalsch ... Nein, es ist nicht die Einheit der Idee, es ist die Vielfalt der Ideen, der Pluralismus, auf den wir im Westen stolz sein sollten."[3] Der Pluralismus als Erscheinungsform der bürgerlichen Weltanschauung ist in seiner scheinbaren und demagogischen Vielfalt besonders geeignet, die bürgerliche Weltanschauung in die werktätigen Klassen und Schichten zu tragen und in der internationalen Auseinandersetzung mit der sozialistischen Ideologie mit dem falschen Schein des „Undogmatischen" zu versehen.

Die wissenschaftliche Methode, die dem weltanschaulichen Prinzip des Pluralismus entspricht, ist der Eklektizismus, von dem bereits Lenin sagte, daß er die von der Objektivität der Welt abgewandte subjektivistische Elastizität des Denkens ist.[4] Diese prinzipienlose Elastizität ist das hervorstechende ideologische Merkmal der Verfechter des bürgerlichen gewerblichen Rechtsschutzes. In bunter Mischung finden sich in ein- und derselben Meinungsäußerung die verschiedensten Mosaiksteine bürgerlicher gesellschaftstheoretischer Konzeptionen: Konvergenztheorie, Technokratismus, demokratischer Sozialismus, Anthropologismus und ökologischer Humanismus, ja, teilweise Zugeständnisse an den Anarchismus. Rechtstheoretisch dominieren der Rechtspositivismus, die Naturrechtsdoktrin und die psychologische Rechtsschule. Wohlvermischt mit aktualistischen Fragestellungen soll der Eindruck seriöser Überlegung erweckt werden, um sich bei näherem Hinsehen als das herauszustellen, was es ist: Ein Versuch, den gesellschaftlichen Fortschritt in der Welt auch weiterhin mit den Interessen der Bourgeoisie zu verstricken.

Nehmen wir z. B. einen Artikel von F. K. Beier „Zukunftsprobleme des Patentrechts".[5] Ein nicht unbekannter Rechtswissenschaftler der BRD äußert sich zu einem bedeutenden juristischen und gesellschaftlichen Problem, das ungeachtet dessen, was Beier in seinem Aufsatz dazu sagt, darin besteht, daß in der Epoche des weltweiten Übergangs vom Kapitalismus zum Sozialismus die juristischen Instrumentarien des rechtlichen Schutzes wissenschaftlich-technischer Ergebnisse in den Staaten unterschiedlicher Gesellschaftsordnung unterschiedlichen Klassenzielen dienen und zugleich darauf gerichtet sein müssen, das unabdingbare Maß an friedlicher internationaler wissenschaftlich-technischer Zusammenarbeit zu gewährleisten. Für den sozialistischen wissenschaftlich-technischen Rechtsschutz und sein Erfinderrecht ist das zwar eine Aufgabe, aber kein Problem, für das es erst Lösungswege zu suchen gilt, sind doch Festigung des Sozialismus, vor allem Sicherung und Erweiterung seiner materiell-technischen Basis und der Kampf um die Durchsetzung der Prinzipien der friedlichen Koexistenz zwischen Staaten unterschiedlicher Gesellschaftsordnung zwei Aufgaben, deren Lösung gleichermaßen den Interessen des werktätigen Volkes an einem materiell gesicherten, geistig befriedigenden und friedlichen Leben dient.

Da sich nun die Bourgeoisie vor die historische Alternative gestellt sieht, entweder in der alten Weise weiterzuverfahren, im Kampf um den Maximalprofit die Völker wieder und wieder in alles vernichtende Kriege zu reißen, um schließlich die ganze Menschheit und damit sich selbst der vollständigen Vernichtung preiszugeben oder in der gebotenen friedlichen Koexistenz der sich antagonistisch gegenüberstehenden Staaten die unvermeidlichen internationalen Widersprüche mit friedlichen Mitteln auszutragen und zu lösen, hätte man in dem Aufsatz von Beier eine entsprechende Position erwartet. Aber weit gefehlt – zunächst wird dem überraschten Leser beigebracht, daß es zweckmäßig sei, bei der Lösung des gekennzeichneten Problems alles beim Alten zu lassen. Allerdings wird das nicht offen verkündet, damit alle Leser den Standpunkt des Verfassers erkennen, daß am kapitalistischen Gesellschaftssystem und seinen Institutionen nicht gerüttelt werden möge, sondern es wird den Lesern ohne Begründung suggeriert, was sich dann so anhört: Die Überprüfung des bürgerlichen Patentsystems „sollte nicht unter der Prämisse stehen, wir brauchen für die Zukunft ein vollständig neues Patentsystem. Das wäre nicht nur unrealistisch, sondern auch unnötig. Unser Patentsystem hat sich ... bewährt ..." (S. 215). Damit ist alles klar – die Abschaffung der Institutionen der alten kapitalistischen Gesellschaft und die Schaffung neuer, nichtkapitalistischer Institutionen ist unrealistisch und unnötig. Und der angebotene Beweis dafür ist eine faustdicke Lüge, daß sich das kapitalistische Patentsystem bewährt habe, indem verschwiegen wird, daß die sozialistischen Staaten – ausgehend von den Erfahrungen der UdSSR – an die Stelle des kapitalistischen Patentsystems das sozialistische Erfinderrecht gesetzt haben und daß die Entwicklungsländer das ihnen durch die kapitalistischen Kolonialmächte hinterlassene Patentsystem Schritt für Schritt zur Sicherung ihrer wirtschaftlichen Souveränität und im Kampf gegen den imperialistischen Neokolonialismus in ähnlicher Weise umzugestalten beginnen.

Die von Beier zutiefst weltanschaulich vorgenommene Einführung in das Problem wird geschickt mit einer weiteren Aussage verknüpft. Dem bürgerlichen Patentrecht wird eine edle Zielstellung untergemogelt, indem Beier verkündet, daß Schutzrechte „Mittel zur Zielverwirklichung, nämlich zu möglichst optimaler Förderung des technischen, wirtschaftlichen und sozialen Fortschritts" sind (S. 215). Verbunden ist diese Aussage mit zwei weiteren eingestreuten Bemerkungen, daß nämlich das Patentsystem wertneutral sei (S. 223) und alle Patentgesetze der Welt den gleichen Anforderungen genügen müssen, weil der technische, wirtschaftliche und soziale Fortschritt in der Welt es so erfordere (S. 224). Gesellschaftstheoretisch wird das Problem also in dreierlei Hinsicht charakterisiert:

1. Es könne nur mit den rechtlichen Mitteln der kapitalistischen Gesellschaftsordnung gelöst werden, die im Wesen als unveränderbar angegeben werden (Rechtspositivismus).
2. Es liegen dem Patentsystem der bürgerlichen Gesellschaft nicht Klassenwidersprüche und politische Interessen der Bourgeoisie zugrunde, sondern wertneutrale, d. h. klassenneutrale Erfordernisse des sogenannten technischen, wirtschaftlichen und sozialen Fortschritts, mit einer Dominanz der technischen Faktoren, denen die juristischen Mittel angepaßt werden sollen (hier wird die Technokratiekonzeption verfochten).
3. Überall in der Welt sind in Ansehung des sogenannten wertneutralen technischen, wirtschaftlichen und sozialen Fortschritts die Patentgesetze gleichen Anforderungen zu unterwerfen (es wird die Konvergenztheorie lanciert).

Aber damit an Eklektizismus nicht genug. Beier fügt noch einen weiteren Gesichtspunkt seinen Vorstellungen hinzu: die Nullwachstumskonzeption, verbunden mit Anleihen beim ökologischen Humanismus, indem er ohne Skrupel den Gedanken des Fortschritts denunziert. Er stellt in schlichter Weise fest: „Der allgemeine Fortschrittsglaube des 19. Jahrhunderts, wie die Annahme, daß jeder technische Fortschritt der Menschheit nützt und man ihn daher nur zu beschleunigen brauche, ist heute verschwunden. Er ist, wenn auch nicht überall, der Einsicht gewichen, daß dem Menschen und seinen sozialen Bedürfnissen der erste Rang gebührt, daß Wissenschaft und Technik sich an den Bedürfnissen der Menschen zu orientieren haben" (S. 223). Auch diese Feststellung enthält zunächst die handfeste Unwahrheit, daß der technische Fortschritt der Menschheit nicht nützt und seine Beschleunigung der Menschheit Schaden zufüge. Ausgehend von der sichtbaren Unfähigkeit der Bourgeoisie, die gesellschaftlichen Beziehungen unserer Epoche, die den technischen Fortschritt einschließen, im Interesse der Menschheit, d. h. ihres Fortschrittes zu gestalten, wird die Ursache nicht bei der Bourgeoisie, sondern beim gesellschaftlichen Fortschritt bzw. beim technischen Fortschritt unterstellt und verschwiegen, daß die sozialistischen Staaten sehr wohl die Entfaltung des wissenschaftlich-technischen Fortschritts in den Dienst der weiteren Menschheitsentwicklung zu stellen vermögen. Zugleich versucht Beier aber die Illusion zu erzeugen, als sei mit einer gewissen Kanalisierung des wissenschaftlich-technischen Fortschritts die Bourgeoisie in der Lage, „die Bedürfnisse der Menschen" zu befriedigen. Wohlweislich enthält er sich jedoch jedweder Kennzeichnung dieser Bedürfnisse, sondern wechselt unter der Hand geschickt das Thema, indem er für das „Problem Patentrecht" eigenartige Neuerungen vorschlägt. Man solle, so läßt er verlauten, die Gebühren ermäßigen – Gebühren für: die Anmeldung, Erteilung, Aufrechterhaltung, beschleunigte Abwicklung des Einspruchs-, Beschwerde- und Verletzungsverfahrens, wenn es gelte, die *wirtschaftliche* und selbstredend auch die soziale Bedeutung der Erfindungen zu berücksichtigen. Des gleichen könnte man hier Kriterien für die Patentwürdigkeit von Erfindungen, einen ihnen angemessenen Schutzumfang, für eine amtliche Verwertungshilfe und eine sofortige materielle Prüfung finden (S. 223). Was Beier hier verlangt, ist folgendes. Im Staat der Monopole, in dem die Monopole bestimmen, welche Erfindung vor allem wirtschaftlich und sozial von Bedeutung ist, sollen für solche Erfindungen Vorzugsbedingungen eingeführt werden, die in ermäßigten Gebühren bestehen und die Frage betreffen, welche Art von Erfindungen überhaupt schutzwürdig sind, die den Schutzumfang dieser für die Monopole bedeutenden Erfindungen betreffen und die bei der materiellen Prüfung bevorzugt behandelt werden sollen. Die Zielrichtung ist klar. Auf diese Weise können Erfindungsanmeldungen aus dem sozialistischen Ausland als wirtschaftlich unbedeutend erklärt und in juristische Kategorien zweiter Garnitur umfunktioniert werden. Auf diese Weise wäre die BRD-Bourgeoisie in der Lage, bei formeller Beibehaltung des Assimilationsprinzips der PVÜ die Anmelder aus den sozialistischen Staaten diskriminierend zu behandeln. Wahrlich, ein trefflicher Gedanke, der hier aus der sich klassenindifferent gebenden anthropologischen Schule des ökologischen Humanismus entlehnt und kräftig in die Gesamtdarstellung eingerührt wurde.

Aber damit nicht genug. Auch der geneigte Leser, der vielleicht überhaupt der Vorstellung nachhängt, daß alles, was da vom Staate kommt, von Übel sei, findet den erforderlichen Zuspruch. Beier erklärt rundheraus, das kapitalistische Patentsystem habe seinen staatlichen Protektionierungscharakter verloren und sich unversehens in ein Instrument der wissenschaftlich-technischen Information gemausert (S. 224 f.), wobei er so nebenbei darauf hinweist, daß diese Position ja bereits schon der „allgemeine anerkannten Offenbarungs- oder Vertragstheorie" entspreche (S. 224). Beim Leser soll durch diesen Hinweis en passant der Eindruck erzeugt werden, als gebe es für patentrechtliche Regelungen eine in der Welt einheitliche ideologische Grundlage, die die Patentsysteme über die antagonistischen Gesellschaftsordnungen hinweg miteinander verbindet. Diese konvergenztheoretische Position, die Beier bereits des langen und des breiten im Jahre 1970 unverhüllt den sozialistischen Ländern einzureden versuchte[6], wird nun zwei Jahre später von ihm in einer versteckten Form kanalisiert, indem er demagogisch den ideologischen und juristischen Gegensatz zwischen kapitalistischem Patentrecht und sozialistischem Erfinderrecht verschweigt. Ganz abgesehen davon, daß die in diesem Fall naturrechtlich gestützte bürgerliche Offenbarungs- oder Vertragstheorie nur recht mäßig dem tatsächlichen politischen Wesen des bürgerlichen Patentsystems gerecht wird, sondern vielmehr seinen Profitsicherungscharakter verschleiert, ist die sozialistische Gesellschaft

weit davon entfernt, ihrem Erfinderrechtssystem eine solche mystifizierende Konzeption unterzulegen. Das sozialistische Erfinderrecht gestaltet einen gesellschaftlich organisierten und staatlich geleiteten Prozeß der *planmäßigen* Erarbeitung von Erfindungen und der Sicherung ihrer *umfassenden gesellschaftlichen* Nutzung im In- und Ausland. Die schutzrechtliche Sicherung der Erfindung dient in erster Linie ihrer Kenntlichmachung als bedeutendes wissenschaftlich-technisches Ergebnis im Leitungs- und Planungsprozeß für die Festigung und weitere Ausgestaltung der materiell-technischen Basis des Sozialismus/Kommunismus und die Verwirklichung des Leistungsprinzips für die Erfinder. Zugleich bietet die schutzrechtliche Sicherung von Erfindungen die Möglichkeit, die friedliche internationale wissenschaftlich-technische Zusammenarbeit auch mit den kapitalistischen Staaten auf der Basis der gegenseitigen Achtung der Souveränität und der Gewährleistung eines gleichberechtigenden gegenseitigen Vorteils *planmäßig* zu gestalten. Das ist das „Geheimnis" der sozialistischen Erfinderrechtskonzeption, in der allerdings die naturrechtliche Offenbarungs- und Vertragstheorie keinen Platz findet.
Beier benötigt jedoch die mit der bürgerlichen Theorie vom geistigen Eigentum unmittelbar verbundene Offenbarungs- und Vertragstheorie, um ohne Beweis eine scheinbar logische Schlußfolgerung für eine *entstaatlichte* Konzeption des bürgerlichen Patentrechts ziehen zu können. Er behauptet, daß das bürgerliche Patentrecht wesentlich der Gestaltung von Informationsprozessen diene und *„nicht mehr vorwiegend* (hervorg. – H. P.) als ein Instrument des Schutzes" zu betrachten sei (S. 225). Da Informationsprozesse im Unterschied zu den juristischen Vorgängen für ihre gesellschaftliche Existenz nicht des Staates bedürfen, versucht Beier mit dieser Aussage zunächst in rechtspositivistischer Manier Recht und Staat voneinander zu trennen. Das ist der ideologische Hintergrund, der von der Bourgeoisie mit großem Aufwand immer dann produziert wird, wenn es für sie gilt, sowohl die Klassennatur ihres Staates wie auch ihres Rechts zu vernebeln. Als zweckmäßigste Methode hat sie hierfür die Trennung von Staat und Recht erprobt. Die Informatisierung des Rechts ist dazu eine Variante. Die von Beier versuchte wesensmäßige Charakterisierung des bürgerlichen Patentrechts als Information bei gleichzeitiger Reduzierung seiner politischen Schutzfunktion als unwesentlich, widerspricht jedoch vollständig der tatsächlichen Praxis der Bourgeoisie. Beier sollte das eigentlich wissen. Bereits 10 Jahre vor der Erklärung Beiers hat eine Konzentrationsuntersuchung für die BRD ergeben, daß mit dem Stand vom 30. 4. 1962 etwa 1% aller Patentinhaber oder 172 Firmen 51,6% aller in Kraft befindlichen Patente besaßen. Und sogar 25% aller BRD-Patente befanden sich in den Händen von nur 24 Unternehmen. Das sind 0,1% aller Patentinhaber. Falls jedoch diese reinen, für sich sprechenden Tatsachen nicht genügen sollten, kann auch ein durchaus der Freundschaft zum Sozialismus unverdächtiger Sachverständiger bemüht werden. Der Großindustrielle Siemens erklärte am 20. 10. 1965 zum 175. Jahrestag des US-amerikanischen Patentgesetzes: „Bestünde ein Patentschutz nicht, so wäre es selbst für die Großindustrie viel zu riskant, in dem großen Ausmaß und unter Aufwendung so erheblicher Mittel Forschungen und Entwicklungen zu betreiben, wie dies heute tatsächlich dank des bestehenden Patentsystems der Fall ist."[7] Da nicht anzunehmen ist, daß Beier eine solche Bedeutung des bürgerlichen Patentsystems verborgen ist, fragt sich, was von einer Aussage zu halten ist, die dann wider besseres Wissen erfolgt. Die Erklärung ist ganz einfach. Es gibt drei Gründe. Zunächst soll das Wesen des bürgerlichen Patentsystems als übermächtiges Instrument der Monopolbourgeoisie vor den eigenen Werktätigen verschleiert werden. Zweitens sollen die sozialistischen Staaten in dem Glauben gewiegt werden, bei der Auseinandersetzung ihrer Industrie mit der

kapitalistischen Industrie sei das bürgerliche Patentsystem nicht mehr sehr geeignet, die Interessen sozialistischer Betriebe abzusichern und sich zugleich sorglos gegenüber ihren eigenen Forschungs- und Entwicklungsergebnissen zu verhalten, die dann die Monopole als patentfrei an sich reißen können. Drittens ist es eine Erklärung an die Entwicklungsländer. Die Entwicklungsländer benötigen für die Schaffung ihrer materiell-technischen Basis auch die Technologie aus dem Ausland. Ihr Interesse am sogenannten Technologietransfer ist groß. Gleichermaßen groß ist aber auch ihr Mißtrauen gegenüber den kapitalistischen Monopolen, die sie über den Technologietransfer in eine neue Form neokolonialer Abhängigkeit zwingen wollen. Dagegen versuchen sich die Entwicklungsländer mit entsprechenden patentrechtlichen Barrieren zu sichern. Beier versucht ihnen nun zu suggerieren, daß das bürgerliche Patentrecht, an dem ja wesentlich nichts geändert zu werden braucht, sogar sein Wesen selbst verändert hat und zum Informationsmittler geworden ist. Der Widerstand der Entwicklungsländer gegen das bürgerliche Patentsystem soll auf diese Weise eingeschläfert und die Bataillone der bürgerlichen Patentrechtspropagandisten neu formiert werden. Wie wenig aber solche Orientierungen für die wirtschaftlichen Regelungen der Monopole untereinander ernst genommen werden, zeigt eine Bemerkung von Matthöfer auf der Hannover-Messe 1976 dahingehend, daß er es als zweifelhaft apostrophierte, „ob Patente überhaupt der geeignete Mittler sind, das Wissen anderer aufzufinden; wir wollen uns jedenfalls darauf allein nicht verlassen . . .“.[8] Zusammenfassend kann man folglich zu diesem Artikel von Beier festhalten, daß er, im Stil des pragmatischen political science geschrieben, die unterschiedlichsten bürgerlichen Strömungen zur Gesellschaftskonzeption und Rechtstheorie formell verbindet, Tatsachen unberücksichtigt läßt, die für die von ihm aufgeworfene Fragestellung wesentlich sind und eine euphorische Grundstimmung für das bürgerliche Patentsystem zu erzeugen versucht. Von seiner Zielstellung ist der Aufsatz deshalb unmittelbar und feindlich gegen die drei revolutionären Hauptströmungen unserer Epoche gerichtet. Er soll der Paralysierung der schöpferischen Kraft der sozialistischen Länder dienen. Er versucht einen Keil zwischen die Entwicklungsländer und die sozialistischen Staaten zu treiben, wozu vor allem der konvergenztheoretische Grundton dient. Zugleich versucht er aber auch den antiimperialistischen Kampf der Entwicklungsländer dadurch zu erlahmen, indem er ihnen ein klassenneutral kaschiertes bürgerliches Patentsystem schmackhaft zu machen sucht. Er richtet sich gegen die Werktätigen im eigenen Lande. Ihren revolutionären Kräften soll weisgemacht werden, daß das bürgerliche Patentsystem nicht nur von den Krisenerscheinungen des Kapitalismus unabhängig ist, sondern zugleich auch die Möglichkeit schafft, parasitäre Auswirkungen des Kapitalismus zu beseitigen. Darüber hinaus werden die Krisenprobleme des Kapitalismus unter der Hand globalisiert und damit die sozialistischen Staaten und die Entwicklungsländer denunziert, daß sie gewissermaßen mit dem Kapitalismus in einem Boot sitzen, so daß von dieser Seite für die Lösung der sozialen Probleme des Kapitalismus keine Hilfe zu erwarten sei.

Nun könnte man sich auf den Standpunkt stellen, daß es sich bei dem Aufsatz von Beier – oder vielleicht bei Beier überhaupt – um einen eklatanten Einzelfall des geradezu subversiven ideologischen Kampfes gegen den gesellschaftlichen Fortschritt in der Welt handele, ansonsten aber davon ausgehen, daß die Vertreter des bürgerlichen Patentsystems mit sich allein genug zu tun hätten. Wie irrtümlich und selbstmörderisch ein solcher Standpunkt wäre, soll die Auseinandersetzung mit weiteren bürgerlichen Auffassungen zum Patentsystem zeigen, die die *abgestimmte* Gesamtstrategie, die gegen den weltrevolutionären Prozeß als Ganzes gerichtet ist, deutlich hervortreten lassen.

1975 erschien ebenfalls in GRUR (Int.) ein Aufsatz „Patentschutz, Technologietransfer und Entwicklungsländer – eine Bestandsaufnahme“[9], dessen Verfasser – Kunz-Hallstein – Rechtsanwalt in München und zugleich wissenschaftlicher Referent an eben demselben Max-Planck-Institut für ausländisches und internationales Patent-, Urheber- und Wettbewerbsrecht ist, in dem F. K. Beier als Ordinarius tätig ist. Der Angriff wird auch in diesem Aufsatz global gegen den revolutionären Weltprozeß gerichtet, wobei sich Kunz-Hallstein ebenfalls, vom weltanschaulichen Prinzip des bürgerlichen Pluralismus ausgehend, der Methode des Eklektizismus bedient. Zunächst konstruiert er einen, dann den ganzen Aufsatz durchziehenden Widerspruch zwischen sogenannten Industriestaaten und Entwicklungsländern, „zwischen reichen und armen Nationen“ (S. 261 f.). Auf der Grundlage dieser These, die sowohl die konvergenztheoretische Negierung der antagonistischen Widersprüche zwischen sozialistischen und kapitalistischen Staaten im neutralen Begriff der Industriestaaten mit der linksradikalen Konzeption von der angeblichen Verbürgerlichung der sozialistischen Staaten und der Verlagerung des revolutionären Schwerpunktes auf die Entwicklungsländer vereinigt, wird die Stellung der Entwicklungsländer im gegenwärtigen weltpolitischen Prozeß zu neutralisieren versucht. Zugleich unterlegt Kunz-Hallstein diesem von ihm benutzten Industriestaaten-Begriff einen Bedeutungsgehalt, der ihn wesentlich auf die kapitalistischen Staaten beschränkt (so auf S. 262), indem er die sozialistischen Staaten und die Bedeutung ihrer wissenschaftlich-technischen Zusammenarbeit mit den Entwicklungsländern dem Leser einfach unterschlägt. Das hört sich bei ihm so an: „. . . der Einsatz des ‚technologischen Erbes‘ der Industriestaaten und gegebenenfalls dessen Anpassung an die Bedürfnisse der Entwicklungsländer ist ja auch jedenfalls billiger und daher sinnvoller als ein langsames und mühsames Nachvollziehen des Industrialisierungsprozesses der westlichen Welt“ (S. 262). Der Schachzug ist raffiniert. Indem zunächst die internationalen Widersprüche ihres antagonistischen Charakters beraubt und als Widersprüche zwischen Industriestaaten und Entwicklungsländern dargestellt werden, wird unausgesprochen zugleich zu verstehen gegeben, daß man in diesen nun als wesentlich bezeichneten Beziehungen den dann unwesentlichen Streit zwischen Sozialismus und Kapitalismus über den Industriestaatenbegriff einfach dadurch beiseite lassen kann, indem man die Beziehungen der sozialistischen Staaten zu den Entwicklungsländern beiseite läßt. Mit diesem Advokatenkniff will sich Kunz-Hallstein offensichtlich von dem Vorwurf befreien, an die Frage des Patentschutzes in den Entwicklungsländern und ihrer internationalen wissenschaftlich-technischen Zusammenarbeit einseitig herangegangen zu sein. Mag Kunz-Hallstein seinen Kopf in den selbst zusammengekratzten Sand stecken, objektive Gesetze lassen sich nicht überlisten. Die dem strikten gegenseitigen Vorteil dienende wissenschaftlich-technische Zusammenarbeit der sozialistischen Staaten mit den Entwicklungsländern ist der Welt bekannt. Allein die DDR hat bis 1975 in den Entwicklungsländern mehr als 54 größere Betriebe errichtet, verbunden mit umfassenden und intensiven Maßnahmen zur Lösung des Kaderproblems der Entwicklungsländer. In den vergangenen Jahren bildete die DDR für Entwicklungsländer mehr als 2700 Kader aus. Demgegenüber ist die von Kunz-Hallstein gespiegelte Entrüstung darüber, daß die Entwicklungsländer zu Recht die kapitalistischen Staaten für den „brain drain“ verantwortlich machen, platte Demogogie (S. 262).

Nach dieser ideologischen Zubereitung des Themas wendet sich Kunz-Hallstein einer weiteren Entstellung zu. Er greift die Idee von den sogenannten Grenzen des Wachstums auf und transformiert sie auf die Entwicklungsländer, indem er andeutet, daß sie wissenschaftlich-technische Zusammenarbeit mit den Entwicklungsländern diese in eine „technologische Falle" führen könnte, wenn die Entwicklungsländer nicht ihren „Technologieoptimismus" „nachhaltig abschwächen" (S. 262), womit er zu verstehen geben will, daß es nicht die neokolonialen Methoden des kapitalistischen Technologietransfers sind, die in den Entwicklungsländern Arbeitslosigkeit erzeugen, sondern die unvernünftige Sucht der Entwicklungsländer nach technischem Fortschritt, den ihnen die Monopole trotz Technologietransfer, ja mit seiner Hilfe vorenthalten. Die Entwicklungsländer haben bei der Formulierung ihrer Vorstellungen zum Code of Conduct deutlich zu erkennen gegeben, daß es die Geschäftsgebaren der kapitalistischen Monopole sind, die sie im Zusammenhang mit dem Technologietransfer an wirtschaftliche Bedingungen ketten wollen, die die Krisenerscheinungen des Kapitalismus auf die Entwicklungsländer abwälzen und mit ihnen die Arbeitslosigkeit. Und damit sind wir bei einem zentralen Punkt der von Kunz-Hallstein präsentierten Vorstellungen. Er behauptet schlichtweg: „Das Patentrecht der Entwicklungsländer befindet sich schon seit einigen Jahren in der Krise" (S. 261), weil die Entwicklungsländer aus „Überempfindlichkeit . . . gegenüber jeder Art von Einschränkung ihrer Souveränität" (S. 263) vom kapitalistischen Patentrechtssystem abrükken, woraus er ableitet, daß sich das Patentsystem der Entwicklungsländer nicht etwa in einem Anpassungsprozeß an ihre sozialökonomischen Gegebenheiten befindet, sondern einer angeblichen Erosion unterliege.

Diese Feststellungen sind für die ideologische Auseinandersetzung mehrfach interessant. Zunächst werden drei Dinge axiomatisch unterstellt:

- Nicht der Kapitalismus ist Ursache seiner Krise, sondern andere, z. B. die Entwicklungsländer;
- das kapitalistische Patentsystem ist keinen Klasseninteressen unterworfen, sondern ist ohne Ansehung der politischen Beziehungen für jedwede Art wissenschaftlich-technischer Zusammenarbeit geeignet;
- die Souveränität der Staaten ist ein Hindernis für den Patentschutz.

Alle drei Axiome gehen weit über die Bewertung der internationalen Zusammenarbeit mit den Entwicklungsländern hinaus. Sie dienen gleichermaßen der ideologischen Infiltration gegenüber den eigenen Werktätigen wie gegenüber den sozialistischen Staaten. Die Unzulänglichkeiten des Kapitealismus zu globalisieren ist eine beliebte Methode bürgerlicher Ideologen geworden, um die Massen von den immer sichtbarer werdenden Gebrechen des Kapitalismus abzulenken. Was wir von der Behauptung der Klassenneutralität des kapitalistischen Patentsystems zu halten haben, konnten wir uns bereits im Zusammenhang mit dem Aufsatz von Beier verdeutlichen. Hinzugefügt dazu soll aber auf eine Ungeschicklichkeit von Kunz-Hallstein hingeweiesen werden, die ihm in diesem Zusammenhang unterläuft. Ausgehend von seiner Analyse der tatsächlichen Patentrechtsentwicklung in den Entwicklungsländern, nutzt er den festgestellten Rückgang der Patentanmeldungen nach dem Jahre 1972 in Indien, um nicht nur von Patentrechtsänderungen in den Entwicklungsländern zu warnen, sondern die handfeste Drohung zu formulieren, daß sich unter solchen Bedingungen die Monopole überlegen werden, ob sie in diesen Ländern überhaupt noch Schutzrechte erwerben und sich aus dem Technologietransfergeschäft zurückziehen werden (S. 265 f.). Besser kann man den Klassencharakter des bürgerlichen Patentsystems überhaupt nicht charakterisieren.

Was nun den Angriff gegen die staatliche Souveränität betrifft, bringt Kunz-Hallstein überzeugend zum Ausdruck, daß es den Monopolen überhaupt nicht paßt, in der Welt unterschiedliche Kapitalverwertungsbedingungen vorzufinden und schon gar nicht solche, über die sie nicht *selbst*, sondern *die* Staaten bestimmen, mit denen sie wirtschaftliche und wissenschaftlich-technische Beziehungen unterhalten. Das wird besonders deutlich an seinen Angriffen gegen jene Konzeption des Patentrechts in den Entwicklungsländern, die von den Interessen der gesellschaftlichen Entwicklung ausgeht und in sie die individuellen Interessen einordnet. Kunz-Hallstein denunziert diese Position als eine Minderbehandlung der individuellen Interessen. Damit bezieht er ohne Maskierung die Position der Monopole (S. 264). Selbstverständlich führen solche Patentrechtssystemee zu einer Schlechterstellung der Monopole – aber im Verhältnis wozu? Die Schlechterstellung erfolgt gegenüber einem vorangegangenen juristischen Zustand, unter dessen Schirmherrschaft die Monopole den Entwicklungsländern ihre Interessen diktieren konnten. Wenn die Staaten der Entwicklungsländer verstärkt dazu übergehen, diesen Zustand zu verändern, fühlen sich die Monopole allerdings durch die staatliche Souveränität eingeschränkt. Deshalb richten sie sich gegen die staatliche Souveränität und Kunz-Hallstein macht sich zu ihrem Sprecher.

Zugleich nutzt er aber auch den Angriff gegen das Souveränitätsprinzip, um jene Schutzrechtskonzeptionen, die von den Interessen der Gesellschaft ausgehen, zu verunglimpfen, indem er unterstellt, die individuellen Interessen der Erfinder würden nur noch eingeschränkt beachtet (S. 265). Auch hier wieder unterlegt er subjektivistisch einen Interessenbegriff, der klassenneutral sowohl die Interessen der Monopole als auch die Interessen der Werktätigen wie auch der nationalen Bourgeoisie der Entwicklungsländer und die Interessen der sozialistischen Staaten zu vermischen sucht. Zwischen den Interessen der Werktätigen der Entwicklungsländer als auch ihrer nationalen Bourgeoisie zu den gesellschaftlichen Gemeinschaftsinteressen nach nationaler Unabhängigkeit kann es keinen Gegensatz geben. Sie bilden eine Einheit, die auf dem Erfordernis nach antiimperialistischer Abwehr neokolonialistischer Einwirkungen besonders auf ihr Wirtschaftspotential bestehe, das frei zu entwickeln die Grundvoraussetzung zur Befriedigung der materiellen und geistigen Lebensbedürfnisse ihrer Bürger ist. Dem steht das Interesse der Monopole diametral gegenüber. Die materiellen und geistigen Lebensbedürfnisse der Bürger der Entwicklungsländer sind ihnen gleichgültig. Für sie zählt der Profit.

Das Interesse der sozialistischen Länder besteht gleichfalls in einer souveränen, antiimperialistischen Entwicklung der Staaten der dritten Welt. Sie sind der operative Verbündete im weltweiten Kampf gegen den Imperialismus. Die Sicherung der materiellen und geistigen Lebensbedürfnisse der Bürger der Entwicklungsländer stimmt mit den humanistischen Prinzipien des Sozialismus überein. Solche Interessen befinden sich auch in völliger Übereinstimmung mit einer Schutzrechtskonzeption, die von den Gesamtinteressen der gesellschaftlichen Entwicklung ausgeht. Die Verschleierung dieser Interessenübereinstimmung wird von Kunz-Hallstein jedoch vor allem bewerkstelligt, indem er verschweigt, daß die sozialistischen Staaten ja gerade solche Schutzrechtskonzeptionen in Gestalt des sozialistischen Erfinderrechts praktizieren, deren ausgeprägteste Form die Konzeption des von der UdSSR entwickelten Urheberscheins ist.

Wir wollen uns aber noch einer dritten Form des ideologischen Kampfes auf dem Gebiet des Rechtsschutzes wissenschaftlich-technischer Ergebnisse zuwenden. Das ist die Methode, den sozialistischen Staaten freundschaftliche Hinweise zu erteilen, wie sie ihre Rechtsschutzsysteme zweckmäßig gestalten sollten. Das geschieht beispielsweise in dem Aufsatz von Dietz „Die Bestrebungen der sozialistischen Länder zur Vereinheitlichung des Patentrechts“.[10] Dietz ist ebenfalls Mitarbeiter im Max-Planck-Institut für ausländisches und internationales Patent-, Urheber- und Wettbewerbsrecht. Er schlägt in diesem

Aufsatz vor, daß die sozialistischen Staaten die Konzeption der nichtausschließlichen Schutzrechte zugunsten der Wiederanwendung des alten bürgerlichen Patentsystems aufgeben sollten.

Die ideologische Grundkonzeption dieser ideologischen Kampfposition ist der sogenannte „demokratische Sozialismus". Dem realen Sozialismus wird vorgeworfen, daß sein politisches System die Demokratieentwicklung, die gesellschaftlich abstrakt gefaßt und damit bürgerlich interpretiert wird, behindere, weshalb er reformiert werden müsse. Taktisch werden solche Angriffe in verschwommene, quasirevolutionäre Phrasen gekleidet wie z. B. Kampf gegen Bürokratismus, Konservatismus und Dogmatismus, für Progressivität und Skeptizität usw., ohne genauer zu bestimmen, was darunter verstanden werden soll. Taktisch ist deshalb ein solches Vorgehen auf Massenwirksamkeit durch Verwirrung gerichtet, indem versprochen wird, eine kritikunabhängige sozialistische Gesellschaft zu ermöglichen, wodurch von der Notwendigkeit der Anwendung von Kritik und Selbstkritik wegorientiert wird.

Die Forderungen nach politischer und ökonomischer Revision des sozialistischen Rechtsschutzsystems auf wissenschaftlich-technischem Gebiet erfolgt deshalb auch immer in untrennbarem Zusammenhang mit der Lancierung revisionistischer Markttheorien sowie mit der Forderung nach Abschaffung der zentralen staatlichen Leitung und Planung der Gesellschaftsentwicklung vor allem aber der Wirtschaft, wirtschaftlicher Autonomisierung der Betriebe, der Einführung der bürgerlich-pluralistischen Demokratiekonzeption verbunden mit einer offenen Empfehlung zur Übernahme der Prinzipien des bürgerlichen gewerblichen Rechtsschutzes:

- des Patentmonopols für die wirtschaftlich-autonomen Betriebe sowie für die Bürger und die Beseitigung der freien gesellschaftlichen Nutzung geschützter wissenschaftlich-technischer Ergebnisse;
- der Kommerzialisierung jeglicher Tätigkeit auf diesem Gebiet;
- der Liquidierung der staatlichen Leitung und der Einflußnahme der gesellschaftlichen Organisationen, vor allem aber der Gewerkschaften, auf dem Gebiet des Rechtsschutzes wissenschaftlich-technischer Ergebnisse.

Der Hauptangriff richtet sich dabei gegen das sozialistische Rechtsinstitut des Urheberscheins. Die Benutzung von geschützten wissenschaftlich-technischen Ergebnissen zwischen den Betrieben soll auf der Grundlage des bürgerlichen Konkurrenzprinzips durch Lizenzverträge gestaltet werden. Zugleich tritt die rechtliche Regelung der Neuererbewegung in den Hintergrund. Die Lancierung der damit verbundenen Auffassungen über die Erfinder als einer gesellschaftlichen Elite, die auf Grund ihres Bildungsniveaus einen privilegierten Status in der Gesellschaft zu beanspruchen hätte, soll bewirken, daß sie ihre in der sozialistischen Gesellschaft gegebene traditionelle Verbindung zur Arbeiterklasse verliert und von den Erfordernissen der sozialistischen Produktion isoliert wird. Damit einhergehend soll die Arbeiterklasse in den Betrieben politisch desorganisiert und ihre auf die Vervollkommnung der Produktion gerichtete selbstbewußte Initiative unterbunden werden. Zugleich wird durch die Betreibung der angeblichen natürlichen Zweckmäßigkeit des Ausschließungscharakters von Schutzrechten versucht, nationalistische Ideen bei der wechselseitigen wissenschaftlich-technischen Zusammenarbeit und Nutzung wissenschaftlich-technischer Ergebnisse zwischen den sozialistischen Staaten und besonders gegenüber der Sowjetunion zu verbreiten, um auf diese Weise die internationalistischen Beziehungen ideologisch und sodann faktisch zu unterbrechen, so daß der

Vorzug der internationalen wissenschaftlich-technischen Zusammenarbeit zwischen den sozialistischen Ländern nicht mehr wirksam werden kann.

Die sozialistische Produktionsweise besitzt jedoch gegenüber der überlebten kapitalistischen Gesellschaftsordnung den unvergleichlichen Vorzug, ihre materiell-technische Basis durch die planmäßige gesellschaftliche Nutzung der Neuerungen, Erfindungen, Muster und Entdeckungen umfassend zum Wohle des werktätigen Volkes zu entwickeln und zu festigen. Das ist die unabdingbare Voraussetzung, von der auch der sozialistische Wissenschaftlich-technische Rechtsschutz ausgehen muß. Das nichtausschließliche Schutzrecht vor allem in der Form des Urheberscheins ist der juristische Ausdruck dieses Vorzuges des Sozialismus. Mit seiner Hilfe realisiert der sozialistische Staat an bedeutenden wissenschaftlich-technischen Ergebnissen das Eigentumsrecht des Volkes und gestaltet zugleich auf eine solche Weise die sozialistische Rechtsordnung, daß die Rechte und Pflichten der Werktätigen, die Urheber der geschützten wissenschaftlich-technischen Ergebnisse sind, wie auch die Rechte und Pflichten der Betriebe, gesellschaftlichen Organisationen und staatlichen Leitungsorgane zur Verwirklichung des gemeinsamen gesellschaftlichen Interesses an der effektiven Erarbeitung, schnellen Überleitung und umfassenden und planmäßigen gesellschaftlichen Nutzung der Neuerungen, Erfindungen, Muster und Entdeckungen dienen. Die Regelung des Rechtsschutzes wissenschaftlich-technischer Ergebnisse durch die Verleihung nichtausschließlicher Schutzrechte schafft die juristischen Bedingungen für die Entfaltung der schöpferischen Initiative der werktätigen Volksmassen und der sozialistischen Demokratie bei der Weiterentwicklung von Wissenschaft und Technik in der sozialistischen Gesellschaft.

Empfehlungen, dieses für die sozialistische Gesellschaft so außerordentlich zweckmäßige und für die werktätigen Massen nützliche System zugunsten des kapitalistischen Patentsystems zu beseitigen, laufen deshalb auf die Beseitigung sozialistischer Beziehungen bei der Entwicklung von Wissenschaft und Technik hinaus. Sie erweisen sich als das, was sie sind: konterrevolutionär, undemokratisch und heuchlerisch.

4. In welcher ideologischen Spielart der Imperialismus sich auch immer darstellt, es wird sichtbar, daß er sein menschenfeindliches Wesen nicht geändert hat und der Todfeind des Sozialismus ist und bleibt. Sein Ziel ist die Zerstörung des Sozialismus, der Menschlichkeit und Menschenrechte. Die Kräfte des Sozialismus in der Welt setzen jedoch diesen zerstörenden Zielen des Imperialismus das Ziel des Sozialismus und Kommunismus in der ganzen Welt entgegen, einer Welt der Menschlichkeit und Menschenrechte. Um dieses Ziel zu erreichen, müssen die Werktätigen jedes Landes souverän entscheiden können, in welcher Gesellschaftsordnung sie leben wollen. Die Aufgabe der sozialistischen Staaten besteht deshalb darin, die imperialistischen Staaten zu hindern, die Konterrevolution mit staatlichen Mitteln in jene Länder zu tragen, in denen sich das werktätige Volk für den gesellschaftlichen Fortschritt des Sozialismus/Kommunismus entschieden hat. Das ist der Kerngedanke der Politik der friedlichen Koexistenz zwischen Staaten unterschiedlicher Gesellschaftsordnung. So wie die Völker dieser Erde nicht durch den Export der Revolution, sondern sich nur in souveräner Selbstentscheidung für die soziale Revolution, für den gesellschaftlichen Fortschritt entscheiden können, muß verhindert werden, daß der Imperialismus seinerseits die Konterrevolution exportiert und den Völkern unermeßliches Leid zufügt, wie das durch den USA-Imperialismus gegen das Volk von Vietnam geschehen ist.

Die Alternative, die die Politik der friedlichen Koexistenz bietet, ist der friedliche Wettstreit der beiden Gesellschaftssysteme, verbunden mit dem dazu erforderlichen Maß an

Zusammenarbeit auf wirtschaftlichem, kulturellem, medizinischem und wissenschaftlich-technischem Gebiet. Daraus folgt aber gleichzeitig, daß der Kampf um Reaktion oder Fortschritt in der Welt wesentlich auf ideologischem Gebiet ausgetragen wird. Es ist der Kampf um das Selbstbewußtsein der Völker – um seine Versklavung durch den Imperialismus oder um seinen entfalteten Reichtum in einer sozialistischen Gesellschaft. In diesem Kampf schrickt der Imperialismus vor keiner halben Wahrheit oder ganzen Fälschung zurück, nutzt er skrupellos jedes Schwanken, um Verwirrung in die Phalanx des Fortschritts zu tragen, geht er zum offenen Export der Konterrevolution über, wenn die ideologische Verwirrung die antiimperialistischen Kräfte lahm gelegt hat.

Zugleich schafft jedoch der prinzipienlose Pluralismus der bürgerlichen Weltanschauung die Möglichkeit für den Imperialismus auf den verschiedenen Gebieten des ideologischen Kampfes auf verschiedene Weise aufzutreten, um seine wahren konterrevolutionären Absichten zu verbergen. Es ist deshalb für die ideologische Auseinandersetzung wichtig, die unterschiedlichen ideologischen Angriffsmuster des Imperialismus auf den verschiedenen Gebieten zu fixieren. Wie die vorangegangene Darstellung ergibt, zeichnet sich auf dem Gebiet des Rechtsschutzes wissenschaftlich-technischer Ergebnisse ebenfalls ein gewisses koordiniertes Verhalten ab. Es werden drei Grundkonzeptionen verwendet, die eng miteinander zusammenhängen. Danach soll *erstens* bestimmend für die patentrechtliche Gestaltung der wissenschaftlich-technischen Zusammenarbeit sein, daß ihr keine klassenmäßigen Widersprüche zugrunde liegen, sondern daß sie gewissermaßen direkt eine klassenneutrale Produktivitätsentwicklung widerspiegeln. Hieran wird *zweitens* der Gedanke geknüpft, daß sich daraus für jede rechtliche Regelung des Rechtsschutzes wissenschaftlich-technischer Ergebnisse, ob sie in einem kapitalistischen, einem sozialistischen oder einem Entwicklungsland erfolgt, der gleiche Regelungsinhalt ergebe. *Drittens* wird daran die Behauptung geknüpft, daß das kapitalistische Patentsystem der Prototyp jedweder rechtlichen Regelung des Rechtsschutzes wissenschaftlich-technischer Ergebnisse sei. Die Zielstellung dieser Gedankenfolge ist klar. Sie richtet sich gegen die Werktätigen im eigenen Land, um ihnen die Klassennatur der wissenschaftlichen und technischen Entwicklung und deren juristische Ausgestaltung in den kapitalistischen Ländern zu verschleiern. Auf diese Weise sollen sie vom politischen Kampf gegen das kapitalistische System und seine politischen Mittel abgehalten werden. Sie ist aber auch auf die ideologische Unterminierung in den sozialistischen Ländern gerichtet, indem versucht wird, eine den sozialistischen Leitungserfordernissen bei der Gestaltung des wissenschaftlich-technischen Fortschritts fremde Bewußtseinsbildung zu fördern, die vor allem an die hier und da anzutreffenden Rudimente bürgerlichen Patentrechtsdenkens anknüpft und auf diese Weise Widersprüche zwischen Staat und Erfindern bzw. zwischen den staatlichen Organen und den Betrieben oder den Betrieben und den Erfindern provozieren möchte. Sie richtet sich aber auch gegen die Versuche der Entwicklungsländer, die durch das bürgerliche Patentsystem verstärkte Klammer des Neokolonialismus zu zerbrechen und jedem Versuch entgegenzuwirken, das bürgerliche Patentrechtssystem, das, soweit es in den Entwicklungsländern praktiziert wird, einzig und allein den kapitalistischen Monopolen dient, zu verlassen.

Dieses Grundmuster bürgerlicher Ideologie auf dem Gebiet des Rechtsschutzes wissenschaftlich-technischer Ergebnisse erfährt jedoch in zweifacher Hinsicht eine Spezifizierung. Es ist bezeichnend, daß mit wachsender Stärke des wissenschaftlich-technischen Potentials des Sozialismus, die mit der Erhöhung seiner Anziehungskraft auf die differenziertesten Bevölkerungsschichten in den nichtsozialistischen Ländern verbunden ist,

der Imperialismus seine ursprüngliche Taktik, den Sozialismus auf diesem Gebiet zu diffamieren, verläßt und dazu übergeht, die Errungenschaften des Sozialismus zu *verschweigen.* Seit der Bemühungen der sozialistischen Staaten, den Urheberschein als gleichberechtigtes sozialistisches Schutzrecht neben dem Patent in der Pariser Verbandsübereinkunft zu verankern, was 1967 schließlich durch eine entsprechende Änderung in der Stockholmer Fassung mit Erfolg gekrönt war, ist eine noch stärkere Hinwendung zur Taktik des systematischen Totschweigens durch die imperialistische Ideologie zu verzeichnen. Das um so mehr, als der Gedanke des nichtausschließlichen Schutzrechtes den Interessen der Entwicklungsländer viel näher ist als das kapitalistische Patentsystem, um dessen Erhaltung in den Entwicklungsländern es dem Kapitalismus aber gerade geht. Dennoch wird die Tattik des Totschweigens die internationale Verbreitung des nichtausschließlichen Schutzrechtes nicht aufhalten, weil es Ausdruck von Produktionsverhältnissen ist, die besser als die kapitalistischen am Profit orientierten Produktionsverhältnisse der Kompliziertheit der wissenschaftlich-technischen Entwicklung gerecht werden und diese in den Dienst der umfassenden Befriedigung der materiellen und geistigen Lebensbedürfnisse der Volksmassen zu stellen vermögen.
Eine zweite Spezifizierung der Grundpositionen bürgerlicher Ideologie-Propaganda auf dem Gebiet des Rechtsschutzes wissenschaftlich-technischer Ergebnisse ist der Versuch der bourgeoisen Ideologen, dem sozialistischen Staat Vorschläge zur Verbesserung des Rechtsschutzsystems zu unterbreiten, die darauf hinauslaufen, Prinzipien des kapitalistischen Konkurrenzkampfes in die sozialistische Wirtschaft hineinzutragen, egoistisches Verhalten bei den Werktätigen zu erzeugen und auf diese Weise das sozialistische Leben zu desorganisieren. Über das Erkennen der ideologischen Verhaltensmuster auf wissenschaftlich-technischem Gebiet hinaus kommt es darauf an, ausgehend von ihrer Kenntnis jeden Versuch der Bourgeoisie, auf die sozialistische Entwicklung Einfluß zu nehmen und sie dadurch zu hemmen und womöglich aufzuhalten, auch im einzelnen abzuwehren. Dazu gehört in erster Linie, sozialistisches Bewußtsein zu erzeugen und im Geiste unserer sozialistischen Demokratie die einzelnen Werktätigen zu befähigen, an ihrem Arbeitsplatz und in ihrem Lebensbereich den Kampf um die Festigung des sozialistischen Bewußtseins und um die Abwehr dem Sozialismus fremder und gegen ihn gerichteter geistiger Haltungen und Handlungen zu führen.

Anmerkungen

1 Rechenschaftsbericht des ZK ger KPdSU an den XXV. Parteitag, Berichterstatter L. I. Breshnev, Berlin 1976, S. 34 f.
2 K. Hager, Der Sozialismus – Macht des Friedens und der Menschheit, Neues Deutschland vom 19. Oktober 1974, S. 3.
3 K. R. Popper, Woran glaubt der Westen? In: Erziehung und Freiheit, Geleitwort von Albert Hunold, Erlenbach-Zürich/Stuttgart 1959, S. 245, 248.
4 V. I. Lenin, Konspekt zu Hegels ‚Wissenschaft der Logik', Werke, Bd. 38, Berlin 1964, S. 100.
5 F. K. Beier, GRUR (Int.), Mai 1972, S. 214 ff.
6 K.-F. Beier, Die herkömmlichen Patentrechtstheorien und die sozialistische Konzeption des Erfinderrechts, GRUR (Int.-Teil) 1970, S. 1 ff.
7 Mitteilungen des BDI, 14. Jahrgang, Nr. 2, Februar 1966, S. 1.
8 Hans Matthöfer, Wirtschaft und Staat als Partner im technologischen Innovationsprozeß, Bulletin, Presse- und Informationsamt der Bundesregierung vom 5. 5. 1976, S. 482.
9 H. P. Kunz-Hallstein, Patentschutz, Technologietransfer und Entwicklungsländer – eine Bestandsaufnahme, GRUR (Int.) 1975, H. 8/9, S. 261 ff.
10 GRUR (Int.) 1973, S. 365.

Werner Hofmann, Sieghard Scheufler, Hans-Jürgen Wahlich

Zu einigen Rechtsfragen der vertraglichen Gestaltung von Beziehungen der Nutzung wissenschaftlich-technischer Ergebnisse im RGW

Bereits Mitte der 60er Jahre hatte sich die bis dahin zwischen den Mitgliedsländern des RGW herausgebildete, durch den Beschluß der Tagung im Jahre 1949 in Sofia sanktionierte Praxis, wissenschaftlich-technische Ergebnisse einander unentgeltlich, d. h. nur zu den Vervielfältigungs- und Versendungskosten, zur Nutzung zu überlassen, als alleinige und primäre Form der internationalen Nutzung wissenschaftlich-technischer Ergebnisse zwischen Partnern der RGW-Staaten als nicht mehr ausreichend erwiesen. Die Gründe dafür sind hinreichend bekannt. Eine Ökonomisierung der Übergabebeziehungen und damit ihre Ausgestaltung auf der Grundlage der Entgeltlichkeit ergaben sich als zwingendes Erfordernis aus dem erreichten höheren qualitativen Stand der sozialistischen Ökonomik in den einzelnen RGW-Staaten. Er fand in den durchgeführten und findet in den gegenwärtig noch weiterzuführenden Wirtschaftsreformen der sozialistischen Länder seinen Niederschlag.

Zugleich mit der Überwindung der ausschließlichen Praxis der Übergabe wissenschaftlich-technischer Ergebnisse entsprechend dem Beschluß der Sofioter Tagung erwies sich die seinerzeit für solche Austauschbeziehungen geforderte Bedingung, daß die übertragenen wissenschaftlich-technischen Ergebnisse – unabhängig von ihrem Rechtsschutz – lediglich für Produktionszwecke und nur innerhalb des jeweiligen Empfängerlandes benutzt und die hergestellten Produkte nur mit Zustimmung des Übergebenden an Drittländer verkauft werden durften, den Prinzipien der Zusammenarbeit im RGW als nicht mehr voll gerecht. Demzufolge setzte sich allmählich der Verzicht auf diese Bedingung in den Verträgen durch.

Mit dem im Jahre 1971 von den Mitgliedsländern des RGW vereinbarten Komplexprogramm ist die rechtliche Grundlage für eine völlig neue Qualität der Beziehungen des Austausches wissenschaftlich-technischer Ergebnisse im Rahmen des RGW geschaffen worden. In ihm sind die Ziele und Grundsätze der Übergabe wissenschaftlich-technischer Ergebnisse zum Zwecke der Nutzung allgemeinverbindlich formuliert und vor allem durch die Beschlüsse der 48. und 60. Tagung[1] des Exekutivkomitees des RGW weiterentwickelt worden. Hinzu kommen eine Reihe bilateraler Abkommen zwischen verschiedenen RGW-Staaten, in denen diese Ziele und Grundsätze auf verschiedene Aufgabenstellungen der wissenschaftlich-technischen Zusammenarbeit zugeschnitten sind.

Alle diese Dokumente gehen davon aus, daß die Übergabe wissenschaftlich-technischer Ergebnisse nach Vereinbarung zwischen den interessierten Mitgliedsländern des RGW stattfindet. Diese soll in Abhängigkeit vom Niveau der Ergebnisse der wissenschaftlich-technischen Forschungen und ihres Wertes sowohl unentgeltlich als auch zu Bedingungen der finanziellen Entschädigung gemäß der erzielten Übereinkunft erfolgen, und zwar so, daß bei dieser Übergabe die nationalen Interessen jedes Landes sowie die gemeinsamen Interessen aller Mitgliedsländer des RGW berücksichtigt werden.[2]

Von großer Bedeutung für die Gestaltung der Nutzungsbeziehungen zwischen den RGW-Staaten ist ferner die in den vergangenen Jahren wie auch für die Zukunft feststellbare, objektiv bedingte Entwicklungsrichtung, mit der Leitung und Planung dieser Beziehungen in zunehmendem Maße den vorwiegend zufälligen Charakter ihrer Entstehung zu überwinden und sowohl hinsichtlich der Begründung als auch in bezug auf die inhaltliche Gestaltung immer mehr zu geplanten Nutzungsbeziehungen zu gelangen. Das auch auf diesem Gebiet durchzusetzende Primat der Planung gegenüber der vertraglichen Gestaltung birgt zahlreiche komplizierte Fragen der Leitung und Planung in sich und bedingt damit auch eine Reihe rechtlicher Konsequenzen.

Es braucht im Rahmen dieses Beitrages sicher nicht näher erläutert zu werden, welch große Bedeutung generell dem sozialistischen Recht zukommt, um mittels seiner Einwirkung zu möglichst langfristig und allseitig geplanten Beziehungen der wirtschaftlichen und wissenschaftlich-technischen Zusammenarbeit mit höchstem Nutzeffekt für die einzelnen RGW-Staaten wie auch für die RGW-Staatengemeinschaft insgesamt zu gelangen. In Beachtung gerade dieser Erkenntnis kann jedoch nicht an der Tatsache vorbeigegangen werden, daß besonders auf dem Gebiet der Überlassung wissenschaftlich-technischer Ergebnisse zur Nutzung im Rahmen der RGW-Staatengemeinschaft in den nationalen Rechtsordnungen der einzelnen Mitgliedsländer bisher in nicht ausreichendem Maße materiell-rechtliche Regelungen erlassen wurden, die eine planmäßige Nutzung der in den einzelnen RGW-Staaten erarbeiteten wissenschaftlich-technischen Ergebnisse in Übereinstimmung mit den Interessen aller RGW-Staaten sichern oder zumindest stimulieren.

In der DDR ist das am 5. Februar 1976 in Kraft getretene Gesetz über internationale Wirtschaftsverträge – GIW[3] – zwar in dieser Hinsicht bedeutsam. Es enthält in seinem 2. Kapitel (§§ 176–186) einige wesentliche Bestimmungen zum Vertragstyp „Lizenz“ und damit auch eine erste materiell-rechtliche Grundlage in der DDR für den vertraglichen Austausch wissenschaftlich-technischer Ergebnisse mit Partnern anderer RGW-Staaten, den wir hier – in Abgrenzung zu den Lizenzbeziehungen mit Partnern nichtsozialistischer Staaten – als „internationalen Nutzungsvertrag“ bezeichnen.[4] Dieses Gesetz legt jedoch ausdrücklich fest[5], daß seine Bestimmungen insoweit nicht anzuwenden sind, wie in völkerrechtlichen Verträgen, an denen die DDR beteiligt ist, etwas anderes geregelt wurde. Daraus folgt, daß auf die wirtschaftlichen und wissenschaftlich-technischen Beziehungen der RGW-Mitgliedsländer in erster Linie die in völkerrechtlichen Verträgen enthaltenen Bestimmungen über internationale Wirtschaftsverträge und erst dann die des GIW zur Anwendung gelangen.

Während jedoch auf dem Gebiet der wirtschaftlichen Zusammenarbeit bereits eine Reihe solcher völkerrechtlichen Verträge bestehen, die als internationale einheitliche Spezialregelungen gelten[6], trifft dies für die Regelung der vertraglichen Beziehungen der wissenschaftlich-technischen Zusammenarbeit, insbesondere für die Beziehungen der Nutzung wissenschaftlich-technischer Ergebnisse, bisher nur in geringem Maße zu.

So enthalten z. B. das Komplexprogramm und die Beschlüsse der 60. EKO-Tagung nur Regelungen, die den Abschluß spezieller Verträge fordern, sowie bestimmte Prinzipien und Bedingungen für deren Gestaltung, jedoch keine vertragstypische Regelung für solche Beziehungen. Aus diesem Grunde gelten für sie zwar die im GIW enthaltenen Regelungen, sofern das Recht der DDR zur Anwendung gelangt, und zwar insoweit, wie die Partner im jeweiligen Nutzungsvertrag ihre gegenseitigen Rechte und Pflichten entsprechend dem im § 4 GIW normierten Grundsatz der Vertragsfreiheit nicht erschöpfend

geregelt und Probleme offengelassen haben, zu deren Lösung dann auf die maßgeblichen Bestimmungen des GIW (§§ 176–186) zurückgegriffen werden müßte. Dabei ist jedoch zu beachten, daß die im GIW enthaltenen Regelungen in Übereinstimmung mit den in den genannten Dokumenten des RGW enthaltenen Grundsätzen anzuwenden sind.
Diese gegenwärtige rechtliche Situation trägt den Erfordernissen der inhaltlichen Gestaltung von Nutzungsbeziehungen im RGW nicht in vollem Umfang Rechnung, zumal sich im Verlaufe der sich immer enger gestaltenden wissenschaftlich-technischen Zusammenarbeit der RGW-Staaten die Auffassung durchgesetzt hat, daß diese Probleme nicht durch selbständig voneinander erfolgende nationale Regelungen zu lösen sind, sondern die Schaffung einheitlicher internationaler Spezialregelungen die effektivste Lösung darstellt.
Einen ersten beachtlichen Schritt auf diesem Wege, zu solchen einheitlichen internationalen Spezialregelungen zu gelangen, stellen die von der 11. Tagung der Beratung für Rechtsfragen im RGW am 12. Dezember 1974 gebilligten Musterlizenzverträge[7] dar. Sie tragen lediglich den Charakter von Empfehlungen, sind also rechtlich nicht verbindlich. Ihre vollständige oder teilweise Anwendung ist in das Ermessen der Organe und Organisationen der Mitgliedsländer des RGW gestellt. In ihnen kann jedoch eine wichtige Vorarbeit für die künftige Normierung der Beziehungen des Austausches wissenschaftlich- technischer Ergebnisse gesehen werden, die dazu dienen soll, genügend Erfahrungen auf diesem Gebiet zu sammeln, um später zu einer solchen Vereinbarung der Mitgliedsländer des RGW und ihrer Umsetzung in die einzelnen nationalen Rechtsordnungen zu gelangen, die den Erfordernissen geplanter, effektiver und ökonomisch zum gegenseitigen Vorteil aller Mitgliedsländer gereichender Beziehungen gerecht wird.
Die RGW-Musterlizenzverträge wurden auf der Grundlage der Prinzipien des Komplexprogrammes sowie anderer multilateraler Beschlüsse (z. B. die 60. EKO-Tagung) und bilateraler Vereinbarungen der RGW-Länder auf dem Gebiet der wissenschaftlich-technischen Zusammenarbeit, insbesondere der Durchführung des Austausches wissenschaftlich-technischer Ergebnisse und der Erfahrungen, die die RGW-Staaten hierbei gewonnen haben, erarbeitet. Zu berücksichtigen waren hierbei aber auch die bestehenden rechtlichen und organisatorischen Unterschiede in den RGW-Ländern, z. B. im Hinblick auf die Schutzrechtsformen, auf bestimmte zivilrechtliche Auffassungen, auf das System der innerstaatlichen Verantwortlichkeit für den Abschluß und die Erfüllung von Lizenzverträgen, auf die ökonomische Stimulierung usw.[8] Um zu einer einheitlichen Lösung zu gelangen, war es erforderlich, bestimmte Kompromisse einzugehen, die sich in den in den Musterlizenzverträgen enthaltenen Regelungen widerspiegeln.[9]
Hieraus ergeben sich für die am Austausch wissenschaftlich-technischer Ergebnisse beteiligter Partner aus der DDR eine Reihe von Problemen, bei denen zudem beachtet werden muß, daß mit dem Inkrafttreten des Gesetzes über internationale Wirtschaftsverträge (GIW) eine neue rechtliche Situation eingetreten ist.
Bei der inhaltlichen Gestaltung von Nutzungsverträgen auf der Grundlage der RGW-Musterlizenzverträge und unter Beachtung der im GIW enthaltenen Bestimmungen zum Lizenzvertrag muß einigen Rechtsproblemen, die sich u. a. im Zusammenhang mit dem Erfordernis, dem Umfang der dem Nutzungsnehmer übertragenen Nutzungsmöglichkeiten genau zu bestimmen, besondere Aufmerksamkeit geschenkt werden. Auf diese soll nachfolgend näher eingegangen werden.
Beim vertraglichen Austausch wissenschaftlich-technischer Ergebnisse zwischen Partnern der RGW-Staaten geht es nicht um die Durchsetzung eines Wissensmonopols und die

hieraus abgeleitete Verwertung eines Wirtschaftsmonopols – dies würde dem Wesen und den Grundprinzipien der sozialistischen internationalen Wirtschaftsintegration, insbesondere dem Prinzip des sozialistischen Internationalismus wie auch dem Wesen sozialistischer Produktionsverhältnisse widersprechen –, sondern um die Ermöglichung der umfassenden und realen Nutzung der im RGW erarbeiteten wissenschaftlich-technischen Ergebnisse zur Lösung der geplanten volkswirtschaftlichen Aufgaben. Maßgeblich für die Organisierung und Gestaltung des vertraglichen Austausches sind in erster Linie die in den koordinierten Plänen der RGW-Staaten festgelegten Aufgaben.

Der vertragliche Austausch wissenschaftlich-technischer Ergebnisse innerhalb des RGW kann deshalb primär weder von den Gesichtspunkten der Ausschließung und Beschränkung, noch vom Erreichen einer äquivalenten Gegenleistung abhängig sein. Es geht vielmehr darum, daß unter Berücksichtigung sowohl der nationalen als auch der gemeinsamen Interessen der RGW-Staaten die im RGW erarbeiteten wissenschaftlich-technischen Ergebnisse überall dort zur Anwendung gelangen, wo sie für die Lösung geplanter volkswirtschaftlicher Aufgaben benötigt werden. Ausgangspunkt für die vertragliche Fixierung des Nutzungsumfanges – insbesondere in territorialer, sachlicher, persönlicher und zeitlicher Hinsicht – muß somit das Erfordernis einer breiten planmäßigen, nicht durch Ausschließungsrechte behinderten Nutzung wissenschaftlich-technischer Ergebnisse unter Berücksichtigung der nationalen und der gemeinsamen Interessen der Mitgliedsländer des RGW sein.

Sofern das Nutzungsobjekt durch sozialistische Schutzrechte (Urheberschein, WP) geschützt ist, kann infolge deren Wirkung – das ausschließliche Nutzungsrecht steht dem jeweiligen Staat zu – im Vertrag keine Beschränkung der Rechte des Nutzers erfolgen. Stellt das Nutzungsobjekt ein solches Ergebnis dar, das teilweise durch Urheberschein geschützt und teilweise ein Ergebnis vom Typ des „know-how" bildet, dann erhebt sich die Frage, ob sich die Übertragung des know-how nach den Grundsätzen des durch Urheberschein geschützten Wissens richtet oder ob hier andere Prinzipien gelten. Die Analyse der Grundlagen und Prinzipien für die internationale Nutzung wissenschaftlich-technischer Ergebnisse im RGW führt in ihrer Konsequenz zu dem Ergebnis, daß die auf der Basis der Plankoordinierung erfolgende wissenschaftlich-technische Zusammenarbeit der RGW-Mitgliedsländer die planmäßige Nutzung wissenschaftlich-technischer Ergebnisse überall dort erforderlich macht, wo diese Ergebnisse gebraucht werden und ihrer Verwertung eine vereinbarte Spezialisierung nicht entgegensteht. Das Recht zur Nutzung kann demzufolge nicht vom Willen der einzelnen operativen Verwalter des Volkseigentums abhängig gemacht werden. Die Übertragung des know-how muß dabei den Grundsätzen des Urheberscheins folgen. Damit ist gemeint, daß durch die Verknüpfung der durch einen Urheberschein geschützten Erfindung mit dem know-how die ungehinderte Nutzung auf dem Territorium des Staates, der den Urheberschein erteilt hat, auch für das know-how gilt. Eine andere Regelung der Übertragung von durch Urheberschein geschützten Ergebnissen und know-how widerspricht den Prinzipien des Urheberscheins, wie sie Lenin in seinem Dekret über Erfindungen herausgearbeitet hat[10], weil sie die dem sozialistischen Staat nach den Grundsätzen des Urheberscheins gegebene generelle Möglichkeit der Benutzung des betreffenden technischen Wissens bzw. der Verfügung hierüber aufheben würde. Die Anerkennung einer Monopolstellung des Nutzungsgebers und die Übertragung der Entscheidung an ihn allein, ob und inwieweit er interessierten Partnern in anderen RGW-Staaten eine Nutzungsmöglichkeit einräumt, könnte zu Doppelentwicklungen führen und damit die Vorzüge des sozialistischen Wirtschafts-

systems, resultierend aus dem gesellschaftlichen Eigentum an den Produktionsmitteln und der planmäßigen staatlichen Leitung der Wirtschaft, erheblich einschränken. Das soll jedoch nicht heißen, daß die Übertragung des know-how ebenfalls dem aus dem Urheberschein abzuleitenden Prinzip der unentgeltlichen Nutzung folgen soll. Der Grundsatz der Entgeltlichkeit solcher Beziehungen kann hiervon nicht berührt werden.[11] Maßgeblich für die vertragliche Festlegung des Nutzungsumfanges darf somit keinesfalls eine rechtliche oder faktische Ausschließlichkeitsstellung des Nutzungsgebers sein, sondern allein die nationalen Interessen der am Austausch beteiligten Staaten sowie die gemeinsamen Interessen der gesamten RGW-Staatengemeinschaft bilden das Kriterium für die in dieser Hinsicht zu treffenden Vereinbarungen. Diese Interessen finden auf nationaler Ebene ihren Ausdruck in der staatlichen Planung, deren Festlegungen zunehmend das Ergebnis einer koordinierten Planung im RGW werden und die sich u. a. in zwischenstaatlichen Vereinbarungen über die Produktionsspezialisierung niederschlagen. Hiervon ausgehend kann es sich zwar in bestimmten Fällen, insbesondere bei der vereinbarten Produktionsspezialisierung, als zweckmäßig erweisen, dem Nutzer allein im Rahmen des RGW die Nutzungsmöglichkeit einzuräumen. Dies hängt aber nicht vom Willen der Vertragspartner ab, sondern ergibt sich aus zwischenstaatlichen Vereinbarungen, z. B. internationalen Spezialisierungsabkommen. In der Regel sollte deshalb dem Nutzer lediglich eine Mitbenutzungsmöglichkeit eingeräumt werden.
Die in dieser Hinsicht in den Musterlizenzverträgen enthaltenen Bestimmungen entsprechen im wesentlichen, wenn auch nicht in vollem Umfange, dem Prinzip der breiten und planmäßigen Nutzung wissenschaftlich-technischer Ergebnisse im RGW. Zwar gehen sie entsprechend der gegenwärtigen Praxis von einer Unterscheidung zwischen einer ausschließlichen und einer nichtausschließlichen Lizenz aus. Dem Lizenznehmer wird für die Dauer des Vertrages ein ausschließliches oder nichtausschließliches Nutzungsrecht (Herstellung und Nutzung einschließlich des Verkaufs der Erzeugnisse) auf einem bestimmten Territorium eingeräumt, wobei ausschließliche und nichtausschließliche Rechte für verschiedene Territorien kombiniert sein können.[12] Sie entsprechen jedoch dem Prinzip der breiten und planmäßigen Nutzung, indem sie die Möglichkeit einräumen (dies muß jedoch ausdrücklich im Vertrag vereinbart werden), daß sich die dem Lizenznehmer gewährten Rechte auf die entsprechenden sozialistischen Organisationen und Betriebe des Landes des Lizenznehmers erstrecken, wobei der Lizenznehmer für die Erfüllung aller vertraglichen Verpflichtungen gegenüber dem Lizenzgeber verantwortlich ist.[13]
Erstreckt sich der Nutzungsumfang in territorialer Hinsicht über das Land des Nutzungsnehmers hinaus, so ergeben sich im Zusammenhang mit der Frage nach der Ausschließlichkeit der dem Nutzungsnehmer zustehenden Rechte in Anwendung der Musterlizenzverträge einige Probleme, die mittels der in ihnen empfohlenen Regelungen allein nicht voll lösbar sind. Sie resultieren aus dem Umstand, daß das Prinzip des Rechtsschutzes mittels Urheberscheines noch nicht in allen RGW-Staaten zur Anwendung gelangt.
Aus den Prinzipien des Urheberscheines leitet sich das ausschließliche Nutzungsrecht jenes Staates ab, in dem der Urheberschein erteilt wurde. Da jedoch die Musterlizenzverträge die Möglichkeit der territorialen Begrenzung der Nutzungsrechte außerhalb des Territoriums des Nutzungsnehmerlandes bzw. die Vergabe von ausschließlichen Nutzungsrechten an den Lizenznehmer für Drittstaaten vorsehen, muß folgendes beachtet werden: Wenn ein solcher Drittstaat ein RGW-Staat ist und für das Nutzungsobjekt dort ein Urheberschein erteilt wurde, muß jede vertragliche Vereinbarung, die in die Kompetenzen des betreffenden Drittstaates bezüglich dieses Urheberscheines eingreift,

als nichtig angesehen werden. Es liegt stets im Ermessen des Staates, in dem der Urheberschein erteilt wurde, das betreffende wissenschaftlich-technische Ergebnis in seinem Lande so zu nutzen, wie es zur Lösung seiner geplanten Aufgaben erforderlich ist. Er darf eigene Betriebe damit beauftragen oder die entsprechenden Erzeugnisse importieren, und zwar unabhängig davon, ob in einem Vertrag über den Austausch wissenschaftlich-technischer Ergebnisse etwas anderes festgelegt worden ist oder nicht.

Weitere Probleme ergeben sich im Hinblick auf verschiedene Arten der Beschränkung der Nutzung. Das Interesse des Nutzungsgebers an einer Beschränkung der Rechte des Nutzers kann z. B. durch solche Gründe gegeben sein wie: Festlegungen zur Spezialisierung und Kooperation der Produktion der Länder beider Vertragspartner, berechtigte Exportinteressen des Landes des Nutzungsgebers, Vermeidung des Eingreifens in bereits vorher abgeschlossene Nutzungs- oder Lizenzverträge und dergleichen mehr. In derartigen Ausnahmefällen kann eine Beschränkung des dem Nutzer zugestandenen Nutzungsumfanges durchaus gerechtfertigt sein.

Dies gilt z. B. für eine territoriale Beschränkung wie auch für das Verbot, ohne Einwilligung des Nutzungsgebers Unternutzungen zu erteilen oder die Nutzung völlig auf andere zu übertragen. Derartige Beschränkungen können jedoch nicht auf das Land des Nutzers selbst bezogen sein, da es in der Kompetenz von dessen staatlichen Planungsorganen liegen muß, die entsprechenden Festlegungen zu treffen.

Im Zusammenhang mit diesen Beschränkungen müssen auch die Bestimmungen des GIW (§§ 180 und 181) beachtet werden. Durch die konkrete vertragliche Gestaltung der beiderseitigen Rechte ist zu gewährleisten, daß keine den berechtigten Interessen der RGW-Staaten zuwiderlaufende Bestimmung des GIW infolge seiner evtl. kollisionsrechtlich erfolgenden Anwendung zur Wirkung kommen kann.

Die Verneinung von Beschränkungen der Nutzung innerhalb des Landes des Nutzers sollte natürlich nicht bedeuten, daß der Nutzungsgeber nicht darüber informiert werden muß, daß gegebenenfalls die Nutzung einem anderen Betrieb übertragen wurde bzw. Unternutzungen erteilt worden sind, da dies evtl. Auswirkungen auf den mengenmäßigen Umfang der Nutzung und damit auf die Höhe der Nutzungsgebühr haben kann.

Eine völlig andere Sachlage ergibt sich hinsichtlich der Übertragung der Nutzung und der Erteilung von Unternutzungen an Wirtschaftseinheiten dritter Staaten. Eine solche darf nur im Einverständnis mit dem Nutzungsgeber erfolgen.

Die Bestimmungen der Musterlizenzverträge enthalten keinerlei Beschränkungen hinsichtlich des Territoriums des Landes des Lizenznehmers in bezug auf die Produktionsmenge, auf die Person des Lizenznehmers, auf die Arten der Nutzung und die Anwendungsgebiete. Infolge der Festlegung, daß sich die gewährten Rechte auf die entsprechenden sozialistischen Organisationen und Betriebe des Landes des Lizenznehmers erstrekken, ist sowohl die Vergabe von Unterlizenzen als auch die volle Übertragung der Nutzungsrechte auf andere Wirtschaftseinheiten auf dem Territorium des Landes des Lizenznehmers in vollem Umfange möglich.

Die in die Musterverträge aufgenommene Verpflichtung des Lizenznehmers, Unterlizenzverträge nur mit Einwilligung des Lizenzgebers abzuschließen[14] bzw. die Vergabe von Unterlizenzen gänzlich zu unterlassen wie auch das Erfordernis, bei einer beabsichtigten Übertragung der Rechte und Pflichten aus dem Vertrag auf Dritte[15] die vorherige Zustimmung des anderen Partners einholen zu müssen, beziehen sich nur auf Beziehungen, die zu Drittländern hergestellt werden.[16] Da aber, wie bereits dargelegt wurde, die Übertragung der Nutzungsrechte oder die Erteilung von Unternutzungen im Nutzerland

u. U. erhebliche Auswirkungen auf die Höhe der Nutzungsgebühr haben kann, sollte im Vertrag vereinbart werden, daß der Nutzungsgeber hiervon zu unterrichten ist. Des weiteren sollte vereinbart werden, daß, sofern sich durch den Partnerwechsel bzw. die Erteilung von Unternutzungen der Nutzungsumfang erheblich erweitert, die Höhe des Nutzungsentgeltes neu festzulegen ist.

Für das Problem des Exports in ein Land, das nicht zum territorialen Nutzungsbereich des Nutzers gehört, enthalten die Musterlizenzverträge die Festlegung, daß in Ausnahmefällen vom Lizenzgeber dem Lizenznehmer zur Nutzung in einem Territorium außerhalb seines Nutzungsbereiches die schriftliche Zustimmung erteilt werden kann.[17]

Auch in zeitlicher Hinsicht sind grundsätzlich keinerlei Beschränkungen der Nutzung angebracht. Die Musterlizenzverträge gehen davon aus, daß der Vertrag für einen bestimmten Zeitraum abgeschlossen wird und in gegenseitigem Einvernehmen verlängert werden kann.[18] Nach Ablauf der Geltungsdauer des Vertrages ist der Lizenznehmer berechtigt, das Nutzungsobjekt unentgeltlich weiter zu nutzen.[19]

Lediglich für den Fall, daß der Vertrag infolge von Vertragsverletzungen des Lizenznehmers vor Ablauf der Geltungsdauer vorfristig aufgelöst werden sollte, bestimmt der Musterlizenzvertrag[20], daß der Lizenznehmer damit sein Nutzungsrecht verliert. Eine derartige Regelung geht jedoch u. E. an der Realität der sozialistischen, staatlich geleiteten und geplanten Volkswirtschaft vorbei und wäre sicher auch nicht durchsetzbar.

Unter sozialistischen Verhältnissen dürfte es nicht möglich sein, dem Nutzer nach Beendigung des Verttrages die weitere Nutzung zu verbieten. Die Wahrnehmung einer solchen Verbietungsmöglichkeit könnte eine Beeinträchtigung der Erfüllung der geplanten innerstaatlichen volkswirtschaftlichen Aufgaben zur Folge haben. Im übrigen würde eine solche Praxis den Grundsätzen des Urheberscheins insofern widersprechen, als seine Erteilung auf eine zeitlich unbegrenzte Nutzung gerichtet ist und damit innerstaatlich auch Dritten die Nutzung zeitlich unbegrenzt zugestanden werden kann.

Eine völlig andere Frage ist es, ob im Falle von Vertrtagsverletzungen dem Nutzungsgeber Schadensersatzansprüche bzw. bei Überschreitung des territorialen Nutzungsgebietes[21] Ansprüche auf Erhöhung des Nutzungsentgelts zustehen sollten. Dies wäre grundsätzlich zu bejahen.

Anmetkungen

1 Vgl. GBl. Sonderdruck Nr. 750.

2 Vgl. Komplexprogramm, Kapitel II, Abschnitt 5, Ziffer 5.4.

3 GBl. I, S. 61 ff.

4 Im Rahmen dieses Beitrages soll auf die Probleme der begrifflich richtigen Erfassung der Austauschbeziehungen mit Partnern anderer RGW-Staaten einerseits und mit Partnern nichtsozialistischer Staaten andererseits nicht näher eingegangen werden.

5 Vgl. § 1, Abs. 2, GIW.

6 Vgl. z. B. die ALB des RGW 1968/75, die AMB 1973 und die AKB 1973.

7 Danach existieren vier verschiedene Typen von Musterlizenzverträgen. Im folgenden beziehen wir uns lediglich auf den Musterlizenzvertrag allgemeinen Typs.

8 Vgl. Brandt/Penack/Wolter, Zu den Musterverträgen für den Ex- und Import wissenschaftlich-technischer Ergebnisse des RGW, Wirtschaftsrecht 4/1975, S. 204.

9 Vgl. Brandt/Penack/Wolter, a. a. O., S. 203.

10 Vgl. hierzu Winklbauer, „Die Prinzipien des Urheberscheins – die Grundlage der Integration der sozialistischen Länder auf dem Gebiet des Erfindungswesens“, der neuerer 11/74 B, S. 147 ff.

11 Vgl. GBl. Sonderdruck Nr. 750, Ziffer 138 ff. Eine Erörterung der Problematik der Anwendung des Urheberscheines auf reine Know-how-Verträge muß einer gesonderten Darstellung vorbehalten bleiben.
12 Vgl. §§ 2.1. und 2.2. des Musterlizenzvertrages allgemeinen Typs.
13 Vgl. § 2.6. ebenda.
14 Vgl. § 2.5.
15 Vgl. § 15.2.
16 Dies ergibt sich aus dem § 2.6.
17 Vgl. §§ 2.4. und 2.5.
18 Vgl. §§ 14.1. und 14.2.
19 Vgl. § 14.6.
20 Vgl. § 14.5.
21 Für diesen speziellen Fall der Vertragsverletzung durch den Lizenznehmer sieht der Musterlizenzvertrag (§ 14.3.) die Rechtsfolgen der vorzeitigen Vertragsauflösung und des Ersatzes des direkten Schadens vor.

Klaus Hierse

Zur Kritik der sozialrechtlichen Theorie des bürgerlichen Kennzeichnungsrechts

Die Existenz und das Erstarken des sozialistischen Weltsystems beeinflußt in entscheidendem Maße den revolutionären Prozeß in allen Teilen der Welt und die Entwicklung des internationalen Kräfteverhältnisses zugunsten der Kräfte des Sozialismus/Kommunismus. In die Defensivposition gedrängt, unternimmt die imperialistische Bourgeoisie alle Anstrengungen, sich den historischen Gesetzmäßigkeiten entgegenzustemmen und den weltweiten Übergang zum Sozialismus zu verhindern. Sie haben zur Folge, daß sich der ideologische Kampf zwischen Sozialismus und Imperialismus immer umfassender gestaltet und an Intensität zunimmt. In dieser Auseinandersetzung zielen die spätbürgerlichen Ideologen darauf ab, die sozialistische Ideologie auf allen Gebieten des gesellschaftlichen Lebens zu unterwandern und in ihrer Wirksamkeit herabzusetzen sowie Gesellschaftsbilder und Theorien auszuarbeiten, die den Werktätigen in den kapitalistischen Industriestaaten den Glauben an die Zukunftsträchtigkeit der kapitalistischen Gesellschaftsformation suggerieren und sie vom Kampf um den Sozialismus abhalten sollen.[1] Eine spezifische Stoßrichtung stellt in diesem Zusammenhang auch die gesellschaftliche Entwicklung in den Entwicklungsländern dar. Bei den Werktätigen dieser Länder soll der Eindruck erweckt werden, daß der kapitalistische Weg die aussichtsreichere Alternative zur nichtkapitalistischen Entwicklung dieser Staaten ist.

Einen wesentlichen Platz bei der Verwirklichung dieser Zielstellungen nimmt die bürgerliche Rechtswissenschaft ein. Ihre spezifische Aufgabe besteht vor allem darin, den Klassencharakter von Staat und Recht als Machtinstrumente der Bourgeoisie zur Aufrechterhaltung ihrer politischen Herrschaft und Sicherung der Ausbeutungsverhältnisse zu leugnen bzw. zu verschleiern. Dazu unternimmt die bürgerliche Staats- und Rechtstheorie den Versuch, diesen Institutionen des politischen Überbaus der kapitalistischen Gesellschaftsordnung den Charakter von Einrichtungen zu geben, die dem Wohl und den Interessen aller Staatsbürger gleichermaßen dienen. Diese unmittelbare Apologie des gegenwärtigen bürgerlichen Staates und Rechts findet vor allem in solchen Lehren wie die vom „Wohlfahrtsstaat“, von der „Pluralistischen Demokratie“, von der Doktrin der „Herrschaft des Rechts“ sowie von der „Sozialisierung des Rechts“ ihren Niederschlag.[2] Dabei ist die Tendenz zu erkennen, daß unter dem Eindruck der politischen, ökonomischen und sozialen Erfolge des real existierenden Sozialismus von den bürgerlichen Rechtsideologen – bei bewußter Negierung des Klassencharakters des bürgerlichen Rechts – die den verschiedenen Gebieten des bürgerlichen Rechts in mehr oder minder beschränktem Maße immanenten sozialen Aspekte in sachlich nicht begründeter Weise hervorgehoben werden bzw. einzelnen Rechtsgebieten soziale Aufgabenstellungen zugeordnet werden, die der gesellschaftlichen Wirklichkeit in den kapitalistischen Staaten in keiner Weise entsprechen.

Indem versucht wird, diesen Aufgabenstellungen den Anschein einer von den zutiefst gegensätzlichen Gesellschaftsformationen des Kapitalismus und Sozialismus unabhängige Allgemeingültigkeit zu geben, ist diese Theorienbildung zugleich integriert in den Prozeß der ideologischen Diversion gegenüber den sozialistischen Staaten. Von daher verstärkt sich die Notwendigkeit, die verschiedenen bürgerlichen rechtsideologischen Strömungen und theoretischen Anschauungen auf allen Rechtsgebieten einer speziellen kritischen Analyse zu unterziehen.[3] Was die Kritik der bürgerlichen Rechtstheorie auf dem Gebiet des kapitalistischen Kennzeichnungsrechts hinsichtlich ihrer Aussagen zu den gesellschaftlichen Funktionen dieses Rechtsgebietes anlangt, so liegen dazu bereits einige Veröffentlichungen vor.[4] Aufgabe dieses Aufsatzes soll es sein, den in den letzten Jahren immer mehr in den Vordergrund tretenden Versuch, das gegenwärtige bürgerliche Kennzeichnungsrecht rechtstheoretisch als Ausdruck der „Sozialisierung des Rechts“ zu interpretieren, einer kritischen Betrachtung zu unterziehen.

I.

Die bürgerliche Theorie von der „Sozialisierung des Rechts“ ist inhaltlich und von ihrer Methodologie her eng verbunden mit der Konzeption vom „Wohlfahrtsstaat“. Anknüpfend an die im imperialistischen Entwicklungsstadium sich verstärkenden und im staatsmonopolistischen Kapitalismus weiter wachsenden ökonomischen und sozialen Aktivitäten des bürgerlichen Staates wird von den Apologeten der Lehre vom „Wohlfahrtsstaat“ die Behauptung aufgestellt, daß die ökonomischen und sozialen Prozesse vom bürgerlichen Staat im Interesse der „ganzen Gesellschaft“ mit dem Ziel der Herausbildung einer „allgemeinen Wohlstandsgesellschaft“ geleitet werden. Die Vertreter dieser Konzeption „gehen von der methodologisch falschen Voraussetzung aus, daß der staatsmonopolistische Kapitalismus eine grundsätzlich neue, bereits nichtkapitalistische Stufe in der Entwicklung der Gesellschaft sei. Sie stellen den staatsmonopolistischen Kapitalismus (‚den ökonomischen Humanismus‘) dem Kapitalismus des vormonopolistischen Entwicklungsstadiums gegenüber“.[5] Schon W. I. Lenin stellte dazu fest: „... zu den meistverbreiteten Irrtümern gehört die bürgerlich-reformistische Behauptung, der monopolistische oder staatsmonopolistische Kapitalismus sei schon kein Kapitalismus mehr, er könne bereits als ‚Staatssozialismus‘ bezeichnet werden und ähnliches mehr.“[6]
Von dem gleichen falschen Ausgangspunkt gehen auch die Vertreter der Konzeption des „sozialen Rechts“ oder der „Sozialisierung des Rechts“ aus. Ihr Anliegen ist es, die im bürgerlichen Recht sich vollziehenden Veränderungen als einen Prozeß spontaner Umwälzungen in Richtung auf die Aufhebung oder mindestens Milderung der vom Kapitalismus verursachten Ungleichheit und Ungerechtigkeiten zu interpretieren. Diese Lehre, die, wie noch zu zeigen sein wird, heute zu den wesentlichsten konzeptionellen Grundlagen der Theorie des bürgerlichen Wettbewerbs- und Kennzeichnungsrechts in der Bundesrepublik Deutschland gehört, ist historisch entstanden als bürgerlich-reformistische Alternative zu den sozialistischen Prinzipien, wie sie im Prozeß der Errichtung der sozialistischen Gesellschaft in der Entwicklung des Rechts der Sowjetunion ihren sichtbaren Ausdruck fanden. Sie spekulierte einerseits „auf Zugeständnisse an die Werktätigen, zu denen die herrschenden Kreise der kapitalistischen Länder in der Periode nach der Großen Sozialistischen Oktoberrevolution gezwungen wurden ...“ und hoffte andererseits darauf, die im bürgerlichen Recht vor sich gehenden Veränderungen, darunter auch solche unmittelbar durch die Interessen der Monopole und die Entstehung des staats-

monopolistischen Kapitalismus hervorgerufene, als dieselbe Bewegung in Richtung auf die „Sozialisierung des Rechts" darlegen zu können.[7] Wie die Entwicklung zeigt, ist auf dem Gebiet des bürgerlichen Wettbewerbs- und Kennzeichnungsrechts insbesondere die letztgenannte Variante zur dominierenden Form der Begründung der „Sozialisierung" dieses Rechtsgebietes geworden.

Im vormonopolistischen Entwicklungsstadium des Kapitalismus in Deutschland herrschte in der einschlägigen Literatur die Auffassung vor, daß das Kennzeichnungsrecht – darunter wurde hauptsächlich das Markenrecht verstanden – unmittelbar nur dem Schutz der Unternehmer dient. Stellvertretend für die entsprechenden Autoren sei hier Endemann zitiert, der in seinem Kommentar zum ersten deutschen Reichsgesetz über den Markenschutz schreibt: „Der leitende Gedanke des Gesetzes ist der Schutz der bei Führung der Warenzeichen interessierten Geschäftsleute ... Was dabei für das öffentliche Interesse herausspringt erscheint als ein Vorteil, der gewiß mitzunehmen ist, der aber im Sinne der Gesetzgebung doch nur einen tatsächlichen Nebengewinn bildet. Wir haben von vornherein festzustellen, daß sich das ganze Gesetz lediglich in den Rechtsbeziehungen zwischen den als Produzenten oder Händler am Verkehr beteiligten Geschäftsleute bewegt, während ein direkter Schutz der Konsumenten oder Abnehmer gegen unwahre Bezeichnung nicht gesucht wird."[8] Dennoch fehlt es auch zu diesem Zeitpunkt schon nicht an Bemühungen, die markenrechtliche Gesetzgebung als im Interesse der Konsumenten liegend darzustellen, indem z. B. behauptet wurde, daß die Verbraucher dadurch vor einer Irreführung in ihrem Vertrauen zur Richtigkeit der verwendeten Bezeichnungen geschützt werden sollten.[9] Hier zeigt sich bereits der Versuch bürgerlicher Ideologen, aus tatsächlichen oder fiktiven Wirkungen der Kennzeichnung von Waren mit Marken eine umfassende, auch die Konsumenten umfassende, gewissermaßen also ganzgesellschaftliche soziale Bedeutung des kapitalistischen Markenrechts abzuleiten.

Von wenigen Ausnahmen abgesehen, herrscht heute in der Bundesrepublik die Meinung, daß das Wettbewerbs- und Kennzeichnungsrecht[10] nicht mehr nur den Gewerbetreibenden, d. h. den kapitalistischen Unternehmern, diene, sondern unmittelbar auch den sogenannten Verbraucherschutz zum Gegenstand habe. So findet sich in dem Kommentar von Baumbach/Hefermehl, der zwischen den in der Bundesrepublik zum Wettbewerbs- und Warenzeichenrecht erschienenen Kommentaren wohl die führende Position einnimmt, folgende Bemerkung: „Das UWG-Recht dient nicht nur dem Schutz der *Wettbewerber* untereinander, sondern in gleichem Maße auch dem Schutz der übrigen Marktbeteiligten, insbesondere der Verbraucher, sowie dem Schutz der *Allgemeinheit* vor Auswüchsen des Wettbewerbs."[11] Dieser Schutzzweck wird als soziale Funktion des Wettbewerbsrechts bezeichnet.[12] Loewenheim weist darauf hin, daß sich mit Beginn der dreißiger Jahre[13] der Wandel von einem rein individualrechtlichen zu einem mehr *sozialrechtlichen* Verständnis des Rechts gegen den unlauteren Wettbewerb vollzieht, und stellt fest, daß es heute als ganz herrschende Meinung angesehen werden kann, „daß das UWG nicht nur die Interessen der Mitbewerber, sondern auch die der Allgemeinheit schützt. Dabei tritt der Verbraucherschutz mehr und mehr in den Vordergrund".[14] Die genannten Autoren sehen in dieser Entwicklung des Wettbewerbs- und Warenzeichenrechts eine Form der Verwirklichung der sozialen Rolle des Staates in der BRD. Das wird daran deutlich, daß Loewenheim es als ein Erfordernis „sozialstaatlichen Denkens" bezeichnet, dem einzelnen Bundesbürger auch in seiner Rolle als Verbraucher „den Schutz der Gemeinschaft zu gewähren und ihm einen Raum freier Entscheidungsmöglichkeit bei der Konsumentscheidung zu ermöglichen"[15], während Baumbach/Hefermehl expressis verbis die Gültigkeit des „Sozialstaatsprinzips" im Rahmen des Wettbewerbs- und Warenzeichenrechts formulieren.[16] Die konzeptionelle Verwandtschaft zwischen der Theorie von der „Sozialisierung des bürgerlichen Rechts" und der Lehre vom „Sozialstaat", die ihrerseits eine spezifische Erscheinungsform der Lehre vom „Wohlfahrtsstaat" ist, läßt sich auch bei Schricker erkennen, wenn er in der gesetzgeberischen Anerkennung des Verbraucherschutzes als Schutzzweck des UWG-Rechts durch die Bundesregierung einen Ausfluß der „Sozialstaatsdirektive des Grundgesetzes" sieht.[17]

Rechtsideologisch ist diese theoretische Konzeption des bürgerlichen Wettbewerbs- und Warenzeichenrechts als Versuch zu werten, unter Abstraktion vom Klassenwesen des bürgerlichen Rechts, dem Wettbewerbs- und Kennzeichnungsrecht die Funktion einer Harmonisierung der Klasseninteressen zu übertragen und dabei den bürgerlichen Staat als widerspruchslose, allgemeingesellschaftliche Institution darzustellen, die die Rolle eines über den Klassen stehenden Schiedsrichters zu spielen hat, der seine Entscheidungen von der Warte des „Allgemeininteresses" zu treffen hat. Diese Lehre negiert bewußt die gesellschaftliche Wirklichkeit des staatsmonopolistischen Kapitalismus, in der die Beziehungen zwischen Produktion und Konsumtion ebenso wie im vormonopolistischen Entwicklungsstadium ihrem Wesen nach gesellschaftliche Beziehungen sind zwischen antagonistischen Klassen, nämlich der Bourgeoisie und der Arbeiterklasse, den werktätigen Konsumenten, die als Verbraucher in der Konsumtionsphase des kapitalistischen Reproduktionsprozesses den weitaus größten Platz einnehmen. Es handelt sich also bei den Beziehungen zwischen Produktion und Konsumtion nicht um Beziehungen gesellschaftlich gleichberechtigter Kräfte, wie das die Vertreter dieser Lehre durch die Verwendung solcher Begriffe wie „Gewerbetreibender" bzw. „Wettbewerber" auf der einen und des Begriffs „Verbraucher" auf der anderen Seite Glauben machen möchten, sondern um gesellschaftliche Beziehungen von Privateigentümern und Nichteigentümern an Produktionsmitteln. Also um Beziehungen, die zutiefst von der Gegensätzlichkeit der Interessen der Bourgeoisie und der Arbeiterklasse in der kapitalistischen Gesellschaftsordnung gekennzeichnet sind.

In bezug auf die Konsumenten wird die soziale Bedeutung des bürgerlichen Wettbewerbs- und Kennzeichnungsrechts von den Ideologen dieses Rechtsgebietes einmal mit der Behauptung begründet, daß die Verwendung von Marken und anderen Warenkennzeichen durch die Unternehmen, den Interessen der Verbraucher entspräche, weil sie diesen eine bestimmte Qualität der gekennzeichneten Waren gewährleiste und ihnen den Markt transparent mache. Damit wäre den Verbrauchern die Möglichkeit gegeben, „sachlich begründete, freie Konsumentscheidungen" zu treffen. Zum anderen wird sie darauf gestützt, daß mit der Novellierung des UWG-Rechts der BRD den Verbrauchern der Weg eröffnet wurde, durch die Geltendmachung eigener Rechtsansprüche die irreführende oder täuschende Werbung kapitalistischer Unternehmen zu unterbinden. Beide Argumente erweisen sich bei näherer Betrachtung als unhaltbar. Einmal, weil sie die reale politische und ökonomische Funktion der kapitalistischen Werbung und die tatsächliche gesellschaftliche Stellung der Konsumtion im kapitalistischen Reproduktionsprozeß nicht beachten und weiterhin, weil sie von dem bürgerlichen Rechtssystem, insbesondere dem Funktionsmechanismus des Gerichtssystems der kapitalistischen Staaten, abstrahieren.

II.

Historisch gesehen bildeten die Bemühungen um die Begründung einer sogenannten Garantiefunktion der Marke in der kapitalistischen Gesellschaftsordnung den ersten theoretischen Ansatzpunkt für die Darstellung des bürgerlichen Markenrechts als ein auch den Interessen der Konsumenten dienendes Rechtsgebiet. Auch in der Konzeption der „Sozialisierung" des gegenwärtigen bürgerlichen Wettbewerbs- und Kennzeichnungsrechts nimmt diese Funktion eine tragende Stellung ein. So spricht z. B. Riehle davon, daß im Rahmen der „Garantiefunktion" eine Identität der Interessen von Zeicheninhabern, d. h. also der kapitalistischen Unternehmer, und Konsumenten, d. h. also der Arbeiterklasse, die den weitaus größten und in der individuellen Konsumtion ökonomisch entscheidenden Teil der Verbraucher repräsentiert, besteht.[18]
Die „Garantiefunktion", in der neueren Literatur häufiger auch als „Vertrauensfunktion" bezeichnet, wird daraus abgeleitet, daß die Konsumenten aus der Benutzung einer Marke auf eine gleichbleibende Beschaffenheit der gekennzeichneten Waren schließen könnten. „Das Vertrauen, das der Verbraucher einer Marke entgegenbringt, ... beruht darauf, daß ihm die markierte Ware als eine Ware bestimmter Beschaffenheit und Güte bekannt ist und er auf Grund der bisher gemachten Erfahrung und der Werbung erwarten kann, daß sie in ihrer Beschaffenheit und Güte gleichbleibt oder verbessert wird. Jeder Unternehmer, der *markierte* Ware auf den Markt bringt, wird bestrebt sein, diese Erwartung zu rechtfertigen."[19] Sicherlich besteht ein objektiver Zusammenhang zwischen den informativen Wirkungen der Marke und der gekennzeichneten Ware bzw. dem Unternehmen. Er zwingt den kapitalistischen Unternehmer, bei gekennzeichneten Waren deren Qualität eine bestimmte Aufmerksamkeit zuzuwenden, da sonst die werbeökonomische Wirksamkeit der Marke gefährdet wird, um deren Erhaltung und Sicherung es ausschließlich im kapitalistischen Markenrecht geht. Darauf jedoch eine „Garantie- oder Vertrauensfunktion" der kapitalistischen Marke zu begründen, zeugt von einer totalen Verkennung der Zwecke der kapitalistischen Warenproduktion auf der Grundlage des Privateigentums an den Produktionsmitteln.
Die diese Funktion vertretenden Lehrmeinungen versuchen den Eindruck zu erwecken, als wenn die kapitalistische Warenproduktion ihrem gesellschaftlichen Wesen nach auf die Befriedigung der Bedürfnisse der Mitglieder der Gesellschaft gerichtet ist. Daß der kapitalistischen Produktionsweise nichts ferner liegt als die Verwirklichung dieser Zielstellung, haben die Klassiker des Marxismus/Leninismus überzeugend begründet und nachgewiesen: das Ziel der kapitalistischen Warenproduktion besteht ausschließlich in der Produktion und Aneignung von Mehrwert. Entsprechend dieser Zielsetzung geht es den kapitalistischen Unternehmen primär um die Produktion und Realisierung der Waren als Tauschwerte. Der Gebrauchswert – und damit auch die Qualität – der Erzeugnisse interessiert nur, soweit dieser Träger des Tauschwertes ist. Es ist das Spezifikum der kapitalistischen Produktion, daß sie „... an und für sich gleichgültig (ist) gegen den bestimmten Gebrauchswert, überhaupt gegen die Besonderheit der Ware, die sie produziert. In jeder Produktionssphäre kommt es ihr nur darauf an, Mehrwert zu produzieren, ein Produkt der Arbeit, ein bestimmtes Quantum unbezahlter Arbeit sich anzueignen".[20] Entsprechend dieser Zielstellung der kapitalistischen Warenproduktion ist „der Gebrauchswert ... nie als unmittelbarer Zweck des Kapitalisten zu behandeln".[21]
Diese Unterordnung des Gebrauchswertes der Waren unter deren Produktion als Tauschwert wie auch der Einfluß der Konkurrenz auf die Verwertungsbedingungen des

Kapitals und damit der Realisierungsbedingungen auf dem Markt haben zur Folge, daß das qualitative Niveau der für die individuelle Konsumtion bestimmten Erzeugnisse vor allem davon abhängt, in welchem Umfange diese oder jene Qualität der betreffenden Ware profitabel erscheint. Lassen es die Realisierungsbedingungen auf dem Markt zu, werden die kapitalistischen Unternehmen Erzeugnisse minderer Qualität produzieren, sofern sich eben diese Qualitätsminderung besonders gewinnbringend darstellt. Damit wird deutlich, daß der bei der kapitalistischen Marke zwischen dem Erzeugnis und dessen Qualität bestehende informative Zusammenhang nicht in eine „Garantiefunktion" der Marke umgemünzt werden kann, da auf Grund der genannten Zusammenhänge auch eine eingeführte Marke ein kapitalistisches Unternehmen nicht hindern wird, unter dieser Marke unter den entsprechenden Voraussetzungen – z. B. eine gewisse marktbeherrschende Position dieses Unternehmens oder Absprachen mit der Konkurrenz über die Erzeugnisqualität – auch Waren mit einer geringeren Qualität anzubieten.[22] Zugleich zeigt sich, daß von einer Identität der Interessen der Verbraucher mit denen der Unternehmer im Rahmen dieser imaginären Zeichenfunktion nicht die Rede sein kann. Es spricht in diesem Zusammenhang für sich, wenn Baumbach/Hefermehl schreiben: „Eine Verletzung der ... Vertrauensfunktion liegt ... nicht vor, wenn der Zeicheninhaber selbst unter seinem Zeichen schlechtere Ware als vordem in den Verkehr bringt."[23]

Ein neuerer theoretischer Aspekt in dem Versuch, das bürgerliche Markenrecht als ein verbraucherdienliches Rechtsgebiet zu propagieren, ist die These, daß Werbung und Marken die für das Treffen rationaler Verbraucherentscheidungen erforderliche Markttransparenz schaffen. Diese Behauptung geht sowohl an den politischen Aufgaben der kapitalistischen Werbung als Instrument der Manipulierung der Konsumenten und damit der Aufrechterhaltung der politischen Macht der Bourgeoisie wie auch an den ökonomischen Aufgaben der Werbung im kapitalistischen Reproduktionsprozeß, insbesondere im Zirkulationsprozeß, vorbei. Tatsächlich geht es auf dem kapitalistischen Konsumgütermarkt darum, mit Hilfe der Markenwerbung auf die strukturelle Gestaltung der auf dem Markt global in Erscheinung tretenden Kaufkraft der Konsumenten Einfluß zu nehmen, diese in Form einer zielgerichteten Nachfrage auf die Erzeugnisse der Monopole zu richten und damit zur Realisierung des Monopolprofits beizutragen. Dabei geht es in dieser Frage, wie real denkende bürgerliche Wissenschaftler selbst feststellen, kaum noch um eine sachliche Werbung[24] für das einzelne Produkt oder ein bestimmtes Erzeugnissortiment, sondern um die künstliche Differenzierung der Erzeugnisse mit dem Ziel, durch die Herausstellung unwesentlicher Besonderheiten, fiktiver Gebrauchseigenschaften oder irrealer Gebrauchszwecke der Waren das Kaufinteresse des potentiellen Verbrauchers zu wecken und damit auf das betreffende Erzeugnis zu lenken. Die Marken als Mittel zur Differenzierung des Warenangebots sind dabei voll in die auf dem kapitalistischen Konsumgütermarkt dominierende Suggestivwerbung integriert.

Diese Differenzierung des Angebots muß in engem Zusammenhang mit dem Bestreben der Monopole gesehen werden, für ihre Erzeugnisse Monopolpreise zu erzielen. Das findet seinen Ausdruck darin, daß für die mit Hilfe der Marken differenzierten Erzeugnisse trotz deren qualitativer Äquivalenz unterschiedliche Preise festgesetzt und diese Preise damit begründet werden, daß die markenmäßig differenzierten Erzeugnisse jeweils eine einmalige Qualität aufweisen.[25] Ökonomisch gesehen ist daher die Produktdifferenzierung – und dementsprechend auch die Werbung – auf die Erzielung von Maximalprofiten zugunsten der Monopole gerichtet. Zugleich muß die Produktdifferenzierung auch als ein entscheidendes Instrument der Monopole in dem auch unter den

Bedingungen des staatsmonopolistischen Kapitalismus fortbestehenden Konkurrenzkampf gesehen werden. Sie wird von den Monopolen genutzt, die Nachfrage nach den eigenen Erzeugnissen zu stimulieren, künstliche Monopolsituationen für die einzelnen Erzeugnisse zu schaffen und auf diese Weise die Konkurrenten zu verdrängen und beherrschende Marktstellungen auszubauen.[26] Soweit Produkte mit Hilfe der Werbung differenziert werden, erweist sich das also als eine Erscheinung, die voll im Dienste der ökonomischen Interessen der Monopolbourgeoisie steht. Die Umdeutung der Produktdifferenzierung als Schaffung der Markttransparenz für die Konsumenten muß daher als ein Versuch gewertet werden, das ökonomische Wesen dieses Prozesses und den Klassencharakter der darauf bezogenen kapitalistischen Werbung zu verschleiern.

Auch die Art und Weise der Produktdifferenzierung mit den Mitteln der Werbung läßt erkennen, daß diese Werbung nicht darauf gerichtet ist, das Informationsbedürfnis der Konsumenten auf dem kapitalistischen Konsumgütermarkt zu befriedigen. Indem die Monopole – unter anderem durch die Anwendung von Marken – das Warenangebot künstlich fächern und in der Werbung unwesentliche oder scheinbare Gebrauchseigenschaften der angebotenen Erzeugnisse besonders hervorheben und dabei an solche Faktoren wie beispielsweise das angenommene oder tatsächliche Sozialprestige der Verbraucher oder ihre Intimsphäre anknüpfen, schaffen sie alles andere als eine Markttransparenz für die Konsumenten, sondern verwirren sie mehr oder weniger.

Von einzelnen bürgerlichen Wissenschaftlern wird das sehr wohl erkannt.[27] Einige vertreten dabei aber die Auffassung, daß es auf eine objektive Produktdifferenzierung gar nicht ankomme, sondern es ausreiche, wenn sich die Erzeugnisse auf subjektiver Ebene unterscheiden. Für den Verbraucher sei der Markt dann transparent, wenn er erfahren, erleben oder sehen könne, welchen sozialen, kulturellen oder auch sexuellen Symbolgehalt Produkte oder Dienstleistungen hätten.[28] Angesichts dieser, die Konsumenten im Grunde genommen als unmündige, der kognitiven Verarbeitung objektiver Informationen unfähiger Subjekte hinstellenden Meinung und der Form der monopolistischen Werbung ist Mehnert beizupflichten, wenn er schreibt: „Die scheinbare ‚Erleichterung' der Information (durch die Werbung – d. Verf.) und damit der Kaufentscheidung erweist sich bei näherem Hinsehen als Manipulierung des Konsumenten im Interesse bestimmter Monopole. Sie erstreckt sich bis zur Deformierung der Bedürfnisse des Individuums und der Masse, und zwar sowohl hinsichtlich einzelner als auch der Gesamtheit der Bedürfnisse."[29]

Wie die These von der „Garantiefunktion" steht auch die These von der mit Hilfe der Werbung und Marken zu schaffenden Markttransparenz und Erleichterung rationaler Konsumentscheidungen mit der Wirklichkeit des kapitalistischen Reproduktionsprozesses nicht im Einklang. Sie ist daher keinesfalls geeignet, die bürgerliche Lehre vom Schutz des Verbrauchers als Zweck des kapitalistischen Wettbewerbs- und Kennzeichnungsrechts zu stützen.

III.

In der Theorie der Sozialisierung des bürgerlichen Wettbewerbs- und Kennzeichnungsrechts nimmt die Behauptung eine zentrale Stellung ein, daß mit der Anerkennung bzw. gesetzlichen Regelung der sogenannten Verbraucherklage[30] der Schutz der Konsumenten unmittelbarer Regelungsgegenstand dieses Rechtsgebietes geworden sei. Diese Klage gebe den Verbrauchern die Möglichkeit, sich gegen die in Form irreführender oder täuschender Werbung erfolgenden Eingriffe in ihre Persönlichkeitssphäre, insbesondere in ihr Recht auf „freie Konsumentscheidung", zur Wehr zu setzen. Dabei wird die „Konsumfreiheit" auf der gleichen Ebene wie andere Persönlichkeitsrechte, z. B. das der „Freiheit der Berufswahl", gesehen und als ein tragendes Prinzip im Funktionsmechanismus der sogenannten freien Marktwirtschaft begriffen.[31] Ideologisch ist diese These folglich in zweierlei Richtungen relevant. Einmal ist sie allgemein darauf gerichtet, den Begriff der persönlichen Freiheit der Konsumenten in Gestalt der „Konsumfreiheit" als von der bürgerlichen Rechtsordnung zu schützendes Rechtsgut im Wettbewerbs- und Kennzeichnungsrecht zu verankern. Zum anderen soll auf ihrer Grundlage den Konsumenten suggeriert werden, daß ihre Interessen vom bürgerlichen Staat als gleichberechtigt mit denen der Unternehmer anerkannt werden. Es ist unschwer zu erkennen, daß das Rechtsinstitut der Verbraucherklage weder in der einen noch in der anderen Richtung diese ideologischen Bestrebungen stützt, da der Klassenantagonismus in der bürgerlichen Gesellschaft eine Übereinstimmung der gesellschaftlichen Interessen der Arbeiterklasse und der Bourgeoisie ausschließt und es auf der Grundlage des kapitalistischen Eigentums an den Produktionsmitteln und der daraus und aus der Gesamtheit der politischen Verhältnisse resultierenden politischen und ökonomischen Stellung der individuellen Konsumenten in der kapitalistischen Gesellschaft keine wirkliche Konsumfreiheit gibt.

Der Marxismus-Leninismus lehrt, daß „solange die Klassen nicht abgeschafft sind, bei jeder Betrachtung über Freiheit und Gleichheit die Frage gestellt werden (muß): Freiheit für welche Klasse? und zu welchem Gebrauch? Gleichheit welcher Klasse mit welcher? und in welcher Hinsicht? Die direkte oder indirekte, bewußte oder unbewußte Umgebung dieser Fragen bedeutet zwangsläufig eine Verteidigung der Interessen der Bourgeoisie, der Interessen des Kapitals, der Interessen der Ausbeuter".[32] Diese Fragen müssen auch in bezug auf den Begriff der „Konsumfreiheit" beantwortet werden, insbesondere wenn dazu solche Thesen vertreten werden, daß die Konsumfreiheit eine wirtschaftliche Aktivität im Rahmen der „freien Marktwirtschaft" wie jede andere, z. B. auch das Anbieten von Waren, sei und sich die „Konsumfreiheit ... unter anderem in dem Willen und in der Möglichkeit, den Lebensstandard zu verwirklichen", äußert.[33] Diese Konzeption der Konsumtionsfreiheit negiert die reale gesellschaftliche Stellung der Konsumenten auf dem kapitalistischen Markt.

Auch im staatsmonopolistischen Kapitalismus wirkt nach wie vor die Gesetzmäßigkeit, daß die Arbeiter als Käufer von Waren zwar wichtig sind für den Markt, die kapitalistische Gesellschaft aber die Tendenz hat, die Arbeiter als Verkäufer ihrer Ware, nämlich ihrer Arbeitskraft, auf das Minimum des Preises dafür zu beschränken.[34] Aus diesem Widerspruch der kapitalistischen Warenproduktion resultiert objektiv das Zurückbleiben der Konsumtionskraft der Arbeiterklasse und der anderen Werktätigen hinter den auch im staatsmonopolistischen Kapitalismus wachsenden Möglichkeiten der Produktion. Hinzu kommt, daß der staatsmonopolistische Kapitalismus entsprechend dem Ziel der Warenproduktion in diesem Entwicklungsstadium und deren objektiven Gesetzmäßigkeiten weder in der Lage noch gewillt ist, ein optimales Produktionswachstum entsprechend der absoluten Konsumtionskraft der Gesellschaft zu erreichen. „Eine solche Entwicklung könnte den Mechanismus der Monopolpreise und Monopolprofite sprengen, auf die sich die gegenwärtige kapitalistische Produktion stützt."[35] Weitere Faktoren, die für die Bestimmung der Stellung der Konsumenten auf dem kapitalistischen Kon-

sumgütermarkt unerläßlich sind, sind die ständig sich vertiefende allgemeine Krise des Kapitalismus und Intensität und Umfang der Auswirkungen der zyklischen Krisen. Wachsende Arbeitslosigkeit und damit verbundene zunehmende soziale Unsicherheit der Werktätigen, anhaltender Verfall der kapitalistischen Währungen und ständige Preissteigerungen bestimmen die ökonomische Stellung der Masse der Verbraucher. Diese Entwicklung wie auch der antagonistische Widerspruch zwischen Produktion und Konsumtion in der kapitalistischen Warenproduktion nehmen ihnen jede Möglichkeit, wahrhaft freie Konsumentscheidungen im Sinne einer umfassenden Befriedigung ihrer Bedürfnisse und Berücksichtigung der Erfordernisse ihrer Persönlichkeitsentwicklung zu treffen. Wenn und sofern von Konsumfreiheit im Kapitalismus gesprochen wird, kann darunter nur die „Freiheit" der Verbraucher verstanden werden, sich unter dem Einfluß der manipulierenden Werbung der Monopole für den Kauf der von diesen angebotenen Erzeugnissen zu entscheiden.[36]
Damit ist klargestellt, daß die sogenannte Verbraucherklage objektiv nicht auf die Durchsetzung der „Konsumfreiheit" gerichtet sein kann. Das Klassenwesen des bürgerlichen Rechts und der Mechanismus und die Funktion der Rechtsprechung im System der Diktatur der Bourgeoisie verhindern überdies, daß das Institut der Verbraucherklage gegen irreführende oder täuschende Werbung wirksam wird. So wird in der BRD z. B. nach § 13 (1a) UWG das Recht zur Erhebung dieser Klage nicht dem einzelnen Konsumenten, sondern nur rechtsfähigen Verbraucherverbänden gewährt, sofern es zu deren satzungsmäßigen Aufgaben gehört, die Interessen der Verbraucher durch Aufklärung und Beratung wahrzunehmen. In Frankreich wird die Klagebefugnis nur solchen Verbänden zugestanden, die ein staatliches Zulassungsverfahren durchlaufen haben. In diesem Verfahren kann die Zulassung gewährt werden, wenn der Verband mindestens ein Jahr besteht und mehr als 10 000 Mitglieder zählt.[37] Es bedarf keiner näheren Begründung, daß unter den Bedingungen der Verquickung von Monopolen und Staat im staatsmonopolistischen Kapitalismus die Monopole in der Lage sind, im Rahmen eines derartigen Zulassungsverfahrens darauf Einfluß zu nehmen, daß nur ihnen genehme Verbraucherverbände zugelassen werden, ganz abgesehen davon, daß nur wenige Verbände die vom französischen Gesetzgeber aufgebauten Hürden überspringen können.
Ein weiterer Gesichtspunkt, der die formal gegebene Möglichkeit der Verbraucherklage von vornherein reduziert, ist die Kostenfrage bei Verbraucherklagen. Die Verbraucherverbände sind verpflichtet, bei Klageerhebung einen erheblichen Kostenvorschuß zu leisten. Hinzu kommt, daß bei Klagen dieser Art die Kosten oftmals anteilig auch von der obsiegenden Partei zu tragen sind. Es liegt auf der Hand, daß dieser Umstand wie auch die unsicheren Erfolgsaussichten einer derartigen Klage, die ihren Ursprung im Klassenwesen der bürgerlichen Justiz haben, die Verbraucherverbände nur wenig geneigt machen, Verbraucherklagen zu erheben, insbesondere dann nicht, wenn sie Gefahr laufen, nicht nur den Prozeß zu verlieren, sondern u. U. auch noch wegen angeblicher leichtsinniger Klageerhebung schadenersatzpflichtig gemacht zu werden.[38]
Der formale Charakter der Verbraucherklage zeigt sich auch daran, daß den verklagten kapitalistischen Unternehmen im Wege der sogenannten Interessenabwägung umfangreiche Verteidigungsmöglichkeiten eingeräumt werden, die eine Verantwortung dieser Unternehmen für irreführende oder täuschende Werbung faktisch ausschließen.[39] Es kann daher nicht verwundern, wenn bürgerliche Rechtswissenschaftler eingestehen müssen, daß die Verbraucherklage als Sanktionsinstrument bisher noch nicht befriedigend funktioniert.[40] Das kann auch nicht anders sein, weil ein wirksamer Verbraucherschutz aus den

genannten Gründen im staatsmonopolistischen Kapitalismus den Interessen der Monopole zuwiderlaufen würde.

Diese Entwicklung hindert die Ideologen des bürgerlichen Wettbewerbs- und Kennzeichnungsrechts jedoch nicht, die Verbraucherlage ständig in diesem Sinne zu interpretieren. Ganz offensichtlich geht es dabei rechtsideologisch um den Versuch, die Konzeption des Pluralismus und der formierten Gesellschaft auch auf diesem Rechtsgebiet zum Tragen zu bringen. Den Konsumenten soll der Eindruck vermittelt werden, daß das Rechtsinstitut der Verbraucherklage eine Art der sozialen Kontrolle über die „Lauterkeit" der Werbung und damit über die auf dem Gebiet der Werbung und mit ihren Mitteln ausgetragene Konkurrenz der Monopole und anderen kapitalistischen Unternehmen gestattet. Es soll der Anschein erweckt werden, als würden die Interessen der Verbraucher und ihrer Verbände und die der Unternehmer im Wettbewerbs- und Kennzeichnungsrecht als gleichberechtigt anerkannt.

Der spezifische pluralistische Charakter dieser Konzeption äußert sich darin, daß hierbei nicht von Interessen unterschiedlicher Klassen gesprochen wird, sondern von angeblich gleichberechtigten Interessen der Mitglieder der Gesellschaft am Funktionieren des Wettbewerbs, d. h. der kapitalistischen Konkurrenz. Die Mitglieder der Gesellschaft unterscheiden sich nur dadurch voneinander, daß sie entweder auf der Angebotsseite oder auf der Nachfrageseite des Marktes in entsprechenden Interessenverbänden organisiert seien. Teilweise wird auch der abstrakte Begriff der „Marktgruppen" insoweit verwendet. Auf diese Art und Weise werden die soziale Struktur und das Wechselverhältnis sozialer Gruppen im Kapitalismus und damit die gesellschaftliche Wirklichkeit im staatsmonopolistischen Kapitalismus, die von zutiefst antagonistischen Widersprüchen zwischen der Arbeiterklasse und der Bourgeoisie gekennzeichnet ist, verfälscht. Von dort ist es nur noch ein kleiner Schritt bis zur Behauptung, daß diesen gleichberechtigten Interessen eine gesamtgesellschaftliche Zielsetzung übergeordnet sei. Diese Zielsetzung wird mit dem „öffentlichen Interesse an der Erhaltung der Institution eines funktionsfähigen Wettbewerbs"[41] bzw. dem „Allgemeininteresse an der Ordnung des Wettbewerbs"[42] umschrieben.

Hier wird der Zusammenhang zwischen der Lehre von der Sozialisierung des bürgerlichen Wettbewerbs- und Kennzeichnungsrechts und der bürgerlichen Theorie vom „Wohlfahrts- bzw. Sozialstaat" wieder sichtbar. Der bürgerliche Staat und das bürgerliche Recht werden ihres Klassencharakters entkleidet und in bezug auf den Regelungsgegenstand des kapitalistischen Wettbewerbs- und Kennzeichnungsrechts als klassenneutrale Institutionen deklariert. Diese Theorie und ihre differenzierten Erscheinungsformen vermögen jedoch nicht darüber hinwegtäuschen, daß dieser Teil des bürgerlichen Rechts nach wie vor ein Instrument der Monopolbourgeoisie zur Durchsetzung ihrer Interessen bei der „Ausbalancierung" der Widersprüche von Monopol und Konkurrenz im staatsmonopolistischen Kapitalismus ist und dazu dient, zur Realisierung von Monopolprofiten den kapitalistischen Marktmechanismus auch unter den Bedingungen des im Zusammenhang mit den zyklischen Krisen sich verschärfenden Konkurrenzkampfes funktionsfähig zu halten.

Obwohl sich die Lehre von der sozialen Funktion und der Sozialisierung des bürgerlichen Wettbewerbs- und Kennzeichnungsrechts als wissenschaftlich nicht haltbar erweist, darf ihre allgemeine ideologische Wirksamkeit und spezifische rechtsideologische Bedeutung nicht unterschätzt werden. Sie ist gegenwärtig ein wichtiges Instrument im rechtsideologischen Arsenal der imperialistischen Staaten bei der Überwindung von Vorbehalten der Entwicklungsländer gegen die Kodifizierung bzw. Aufrechterhaltung des Wettbewerbs- und Kennzeichnungsrechts. Diese Vorbehalte haben in dem UNCTAD-Dokument „Systems, Including Industrial Property Systems, for Improving the National Scientific and Technological Infrastructures of the Developing Countries"[43] ihren Niederschlag gefunden. Sie laufen u. a. darauf hinaus, den wirtschaftlichen Nutzen des Markenschutzes für die Entwicklungsländer unter Hinweis darauf zu verneinen, daß der Wettbewerb zwischen gleichartigen Markenwaren eine Ressourcenverschwendung sei, die in den meisten Fällen auch kaum zu einer besseren Verbraucherinformation führe. Es liegt auf der Hand, daß die sozialrechtliche Konzeption des bürgerlichen Wettbewerbs- und Kennzeichnungsrechts in den Augen der multinationalen Monopole eine wichtige theoretische Grundlage der Auseinandersetzung mit diesen und ähnlichen Auffassungen im Zusammenhang mit der Revision der Pariser Verbandsübereinkunft darstellt. Deshalb ist es auch unter diesem Aspekt erforderlich, die Entwicklung dieser Lehre aufmerksam zu verfolgen und die Auseinandersetzung mit ihr zu gegebener Zeit fortzusetzen.

Anmerkungen

1 Vgl. dazu K. Hager: Das „Kommunistische Manifest" und der revolutionäre Weltprozeß, in: ND vom 16. März 1973, S.4.

2 So W. A. Tumanow: Bürgerliche Rechtsideologie, Berlin 1975, S. 24.

3 Zur Notwendigkeit einer speziellen Kritik der bürgerlichen Rechtsideologie vgl. W. A. Tumanow, a. a. O., S. 21 f.

4 Z. B. K. Hierse: Wesen, Funktion und Gegenstand des Warenzeichenrechts der DDR, Berlin 1967, S. 16 ff.;
K. Hierse: Die historische Entwicklung des bürgerlichen Warenzeichenrechts in Deutschland bis zum Jahre 1845, Magdeburg 1969, und K. Hierse/M. Müller: Zur Rolle der Marke und ges Markenrechts im staatsmonopolistischen Kapitalismus, in: Staat und Recht, 1974, Heft 3, S. 428 ff.

5 Autorenkollektiv: Marxistisch-leninistische allgemeine Theorie des Staates und des Rechts, Band 2, Berlin 1974, S. 278.

6 W. I. Lenin: Staat ung Revolution, in: Werke, Band 25, Berlin 1960, S. 456.

7 W. A. Tumanow: a. a. O., S. 105.

8 W. Endemann: Der Markenschutz nach dem Reichsgesetz vom 30. November 1874, Berlin 1975, S 2.

9 H. Siegfried: Reichsgesetz über Markenschutz anhand der amtlichen Motive, Kommissionsberichte und Verhandlungen des Reichstages, Berlin 1874, S. 25.

10 Aufbauend auf die sogenannte Fortentwicklung des Markenrechts im Zusammenhang mit der Rechtsprechung des Reichsgerichts zum sogenannten Ausstattungsschutz und zum Gesetz gegen den unlauteren Wettbewerb (UWG) aus dem Jahre 1909, die vom Bundesgerichtshof fortgesetzt wurde, wird das Namens- und Firmenrecht sowie das Warenzeichen- und Ausstattungsrecht (Markenrecht) von der bürgerlichen Rechtstheorie rechtssystematisch als Teil des Wettbewerbsrechts, im besonderen des UWG-Rechts, betrachtet. Einen wesentlichen Beitrag zur theoretisch-konzeptionellen Grundlegung dieser rechtssystematischen Einheit stellt die Schrift von Eugen Ulmer, Warenzeichen und unlauterer Wettbewerb in ihrer Fortbildung durch die Rechtsprechung, Berlin 1929, dar.

11 A. Baumbach/W. Hefermehl: Wettbewerbs- und Warenzeichenrecht, Band 1, 10. Auflage, München 1971, S. 46.

12 Ebenda.

13 Auffallend ist der unmittelbare inhaltliche und zeitliche Zusammenhang dieser Entwicklung mit der Herausbildung der Theorie der „Sozialisierung des bürgerlichen Rechts", die von Tumanow, a. a. O., S. 105, unter Hinweis auf die Arbeiten des bürgerlichen Rechtstheoretikers G. Radbruch etwa auf den gleichen Zeitraum terminisiert wird.

14 M. Loewenheim: Suggestivwerbung, unlauterer Wettbewerb, Wettbewerbsfreiheit und Verbraucherschutz, in: Gewerblicher Rechtsschutz und Urheberrecht (GRUR Inland), 1975, Heft 3, S. 103 f.

15 M. Loewenheim: a. a. O., S. 105.

16 A. Baumbach/W. Hefermehl: a. a. O., S. 41.

17 Vgl. G. Schricker: Schadenersatzansprüche der Abnehmer wegen täuschender Werbung?, in: GRUR Inland, 1975, Heft 3, S. 117.

18 G. Riehle: Markenrecht und Parallelimport, Münchener Universitätsschriften, Abhandlungen des Instituts für europäisches und internationales Wirtschaftsrecht, Band 1, Stuttgart 1968, S. 111.

19 A. Baumbach/W. Hefermehl: Wettbewerbs- und Warenzeichenrecht, Band II, Warenzeichenrecht und internationales Wettbewerbs- und Zeichenrecht, 10. Auflage, München 1969, S. 9 f.

20 K. Marx: Das Kapital, Band III, in: K. Marx/F. Engels: Werke, Band 25, Berlin 1973, S. 205.

21 K. Marx: Das Kapital, Band I, in: K. Marx/F. Engels: Werke, Band 23, Berlin 1974, S. 168.

22 Vgl. dazu Autorenkollektiv: Politische Ökonomie des heutigen Monopolkapitalismus, Berlin 1972, S. 177.

23 A. Baumbach/W. Hefermehl: Wettbewerbs- und Warenzeichenrecht, Band II, München 1969, S. 10.

24 So gesteht Loewenheim, a. a. O., S. 99, ein, daß in den kapitalistischen Staaten im Konsumgüterbereich die informative Werbung in den Hintergrund getreten ist. „Heutige Werbung", fährt Loewenheim an gleicher Stelle fort, „versucht überwiegend den Verbraucher nicht mit rationellen Argumenten von Qualität oder anderen Eigenschaften der Ware zu überzeugen, sondern wendet sich an das Irrationale in ihm, spricht ihn auf emotionaler Ebene an."

25 Vgl. S. L. Wygodski: Der gegenwärtige Kapitalismus, Berlin 1972, S. 115.

26 Vgl. Autorenkollektiv: Politische Ökonomie des heutigen Monopolkapitalismus, Berlin 1972, S. 127 ff.

27 So z. B. Th. Brümer: Probleme der Verbraucherberatung, in: Industriekurier, 1965, Sonderbeilage (Dez.), S. 8.

28 So R. Brückner: Die informierende Funktion der Wirtschaftswerbung, o. Erscheinungsort, 1967, S. 54; zitiert bei Loewenheim, a. a. O., S. 101.

29 A. Mehnert: Bedürfnisse – Manipulierung – industrielle Konsumtion in der BRD, Berlin 1973, S. 105.

30 Rechtsgrundlage dieser Klage in der BRD ist § 13 (1a) des Gesetzes gegen den unlauteren Wettbewerb.

31 Vgl. A. Baumbach/W. Hefermehl: Wettbewerbs- und Warenzeichenrecht, Band I, 10. Auflage, München 1971, S. 22.

32 W. I. Lenin: Über den Kampf innerhalb der Italienischen Sozialistischen Partei, in: Werke, Bd. 31, Berlin 1959, S. 387.

33 P. Meyer-Dohm: Sozialökonomische Aspekte der Konsumfreiheit, Freiburg im Breisgau, 1965, S. 141.

34 K. Marx: Das Kapital, Band II, in: K. Marx/F. Engels: Werke, Band 24, Berlin 1963, S. 318.

35 S. L. Wygodski: a. a. O., S. 286.

36 Man könnte annehmen, daß unter dem Eindruck der gegenwärtigen zyklischen Krise des Kapitalismus die bürgerlichen Ideologen in der Verfechtung der Theorie von der „Konsumfreiheit" etwas vorsichtiger geworden sind. Die einschlägige Literatur der BRD zeigt jedoch ein anderes Bild. Gerade in den letzten beiden Jahren haben die Meinungsäußerungen in dieser Richtung im Zusammenhang mit der Propagierung des „Verbraucherschutzes" zugenommen. Augenscheinlich besteht hier ein direkter Zusammenhang zwischen der Tatsache, daß die kapitalistische Werbung in Krisenzeiten in aller Regel nicht zurückgeht, sondern in dem Maße, wie sich mit der zyklischen Krise das Marktproblem auf dem Konsumgütermarkt für die Monopole verschärft, an Intensität gewinnt und sich damit das Erfordernis verstärkt, den Konsumenten glaubhaft zu machen, daß ihre Interessen durch den „Verbraucherschutz" gewährleistet werden.

37 Vgl. D. Baumann: Die neuere Entwicklung des Mittelstands-, Wettbewerbs- und Verbraucherschutzes in Frankreich, in: GRUR, Int., 1975, Heft 11, S. 378.

38 Eine derartige Forderung erhebt zum Beispiel G. Schricker: Die Rolle des Zivil-, Straf- und Verwaltungsrechts bei der Bekämpfung des unlauteren Wettbewerbs, in: GRUR, Int., 1973, Heft 12, S. 697.

39 Vgl. W. R. Cornish: Unlauterer Wettbewerb und Verbraucherschutz in England, in: GRUR, Int., 1973, Heft 12, S. 682 f. Die theoretische Grundlage wird dafür dadurch geschaffen, daß die Suggestivwerbung sowohl generell wie auch in übersteigerter Form als wettbewerbsrechtlich zu-

lässig anerkannt wird. Vgl. dazu Loewenheim, a. a. O., S. 102, mit Hinweis auf die neueste Auflage des Kommentars von Baumbach/Hefermehl.

40 In diesem Sinne G. Schricker: Rechtsvergleichende Bemerkungen zum strafrechtlichen Schutz gegen unlauteren Wettbewerb, in: GRUR, Int., 1975, Heft 2, S. 44.

41 G. Schricker: ebenda, S. 44.

42 A. Baumbach/W. Hefermehl: a. a. O. (s. Fußnote 31), S. 53.

43 UNCTAD Dok. TD/C.6./AC.2/4 vom 7. 8. 1975.

Autorenverzeichnis

Prof. Dr. sc. jur. Ernst Winklbauer,
Sektion Rechtswissenschaft, Bereich Wissenschaftlich-technischer Rechtsschutz der Humboldt-Universität zu Berlin, Leiter des Bereiches

Prof. Dr. sc. jur. Robert Kastler,
Sektion Rechtswissenschaft, Bereich Wissenschaftlich-technischer Rechtsschutz der Humboldt-Universität zu Berlin, Präsident der Vereinigung für gewerblichen Rechtsschutz

Dr. jur. Wolfgang Polak,
Sektion Rechtswissenschaft, Bereich Wissenschaftlich-technischer Rechtsschutz der Humboldt-Universität zu Berlin

Helena Münnichova / Prof. Dr. sc. jur. Hans Pogodda,
Sektion Rechtswissenschaft, Bereich Wissenschaftlich-technischer Rechtsschutz der Humboldt-Universität zu Berlin

Dr. jur. Werner Hofmann,
Sektion Rechtswissenschaft, Bereich Wissenschaftlich-technischer Rechtsschutz der Humboldt-Universität zu Berlin

Dr. jur. Sieghard Scheufler,
Sektion Rechtswissenschaft, Bereich Wissenschaftlich-technischer Rechtsschutz der Humboldt-Universität zu Berlin

Dr. jur. Hans-Jürgen Wahlich,
Sektion Rechtswissenschaft, Bereich Wissenschaftlich-technischer Rechtsschutz der Humboldt-Universität zu Berlin

Dr. jur. Klaus Hierse,
Sektion Rechtswissenschaft, Bereich Wissenschaftlich-technischer Rechtsschutz der Humboldt-Universität zu Berlin

FSC
www.fsc.org
MIX
Papier | Fördert gute Waldnutzung
FSC® C083411

Kolibri 360 GmbH
Ferdinand-Jühlke-Straße 7
99095 Erfurt, Deutschland
produktsicherheit@kolibri360.de